VOYAGE

A

LA GRANDE-CHARTREUSE.

IMPRIMERIE DE L. BOREL, A VALENCE.

VOYAGE

A

LA GRANDE-CHARTREUSE,

PAR E.-F.-M. DUPRÉ DELOIRE.

Valence,

L. BOREL, ÉDITEUR,

PLACE DES CLERCS.

1830.

AVERTISSEMENT

DE L'ÉDITEUR.

La publication de ce Voyage, fait en 1822, a été retardée par des circonstances inutiles à rapporter ici. Nous espérons que l'intérêt n'en sera pas affaibli. L'aspect du désert est immuable : rien ne change dans les usages du monastère, qui, fondés sur une règle invariable, tiennent d'elle le même caractère. Il ne peut y avoir de différence que dans le personnel. Mais qu'importe au voyageur le nom du religieux qui l'accueille, quand l'hospitalité est toujours la même? Le premier mérite de cet ouvrage est dans l'exactitude de ses détails, où les uns aimeront à satisfaire leur curiosité, et les autres à rappeler leurs souvenirs. Nous pensons que l'époque où il fut écrit, très-rapprochée de celle du retour des Chartreux dans leur solitude, présente plus d'intérêt qu'elle ne pourrait faire aujourd'hui, où la mémoire de cet événement commence à s'effacer.

VOYAGE

A

LA GRANDE-CHARTREUSE.

———

Il n'est peut-être personne qui n'ait entendu parler de la Grande-Chartreuse, de son désert, et des religieux qui l'habitent; l'idée que peuvent s'en faire ceux qui ne connaissent ces lieux que par des récits plus ou moins fidèles, est celle d'une vaste solitude, demeure du silence et du recueillement, retraite paisible de pieux anachorètes qui ont consacré leur vie à la prière et aux exercices de la religion. Cette vue générale, qui n'est, pour ainsi dire, qu'un canevas propre à recevoir tous les détails que l'imagination peut y tracer, est loin de satisfaire celui qui, cherchant la vérité, ne se contente pas de l'image fantastique qu'il est obligé de se créer à lui-même. Rien de plus facile, sans doute, que de se peindre un désert au gré de son caprice. Qui n'a pas vu dans un paysage intéressant le mélange toujours admirable du grâcieux et du sévère? Partout sont des rochers, des bois, des pâturages; la nature les sème partout sous nos yeux, et la fantaisie, presque aussi fertile qu'elle, ajoute facilement aux tableaux qu'elle compose le caractère qui leur convient. Si des descriptions vagues peuvent suffire dans un roman, elles déplaisent quand un titre historique prépare à des notions positives.

Mais comment parvenir par les seules ressources du langage à décrire les nombreuses beautés de la nature, dont le pinceau lui-même pourrait à peine donner une faible esquisse? Comment tracer cette étonnante variété de formes et de couleurs, dont l'aspect imprévu frappe et étonne les sens ? Comment surtout faire sentir l'effet de ce majestueux ensemble, cause souvent inaperçue de la plus vive émotion ? Celle que le voyageur éprouve devant les grandes scènes de la nature, lui donne ici une surprise, mélange indéfinissable de terreur et de plaisir, qui, agissant à la fois sur son ame, la refoule en quelque sorte sur elle-même, et la force à s'isoler de tout ce qui pourrait la distraire du spectacle imposant dont elle est occupée. Il craint d'autant moins de s'abandonner à ces impressions, qu'il n'en doit plus compte à personne, et qu'un froid critique n'est point là pour l'interroger. Il jouit de ce qu'il voit, et ne cherche point à le rendre. Que lui importe les bornes du langage ? Concentré en lui-même, il sent, et cela suffit.

Son rôle change lorsqu'il veut transmettre ce qu'il éprouve. Les mots ne répondent plus à ses idées; ils n'en sauraient propager la vive étincelle; souvent ils lui refusent leur secours, plus souvent encore ils lui manquent absolument. Les mots techniques, dont la nécessité imposa l'usage aux sciences, lui sont presque interdits; ils appartiennent à une langue qu'on ne lui permet pas de parler. Gêné de toutes parts, il sent l'insuffisance du discours accoutumé à se traîner péniblement sur les mêmes termes, à retracer froidement les mêmes objets, toujours enfermé dans le même cercle, sans moyens et sans espoir d'en franchir les étroites limites. S'il a le courage de braver tant d'obstacles, reste l'incertitude d'être compris. L'exactitude du récit sera peut-être une source de froideur; et, loin de partager son enthousiasme, le lecteur, souriant de son impuissance, blâmera jusqu'à ses efforts.

En partant pour la Grande-Chartreuse, j'étais prévenu que de grandes beautés naturelles devaient s'offrir à mes regards. Des roches inaccessibles et perpendiculaires, couronnées d'épaisses forêts, versant de nombreuses cascades, ou des vallons frais et tranquilles, sillonnés par l'onde turbulente des torrens ; voilà ce que la renommée m'en avait appris, et à peu près tout ce qu'elle peut en dire. Quel étonnant amas de merveilles s'est là présenté à mes yeux ! La nature s'y montre dans une pompe, une majesté qu'elle ne peut conserver ailleurs sous les efforts réitérés de la culture et des besoins de l'homme. Là seulement elle semble fière d'échapper à son despotisme ; à l'abri de ses entreprises, elle y déploie toutes ses richesses, les étale avec profusion, et se complait en liberté dans les beautés qui lui sont propres.

Elles sont ici de deux espèces différentes : beautés physiques et beautés morales. Sans doute le désert, pour mériter ce nom, ne doit pas porter l'empreinte du séjour et de l'habitation de l'homme; mais on aime à l'y rencontrer : il doit s'y trouver par hasard, comme un accident heureux dans un vaste tableau, pour lui donner de l'intérêt. Car, par l'effet du retour inévitable que l'ame fait toujours sur elle-même, par le sentiment de l'existence qui seul fait l'existence, par la force innée de l'instinct qui forma la société et qui la maintient, l'homme cherche partout son semblable, et goûte du plaisir à le retrouver partout. Il n'est pas de lieu que sa présence ne doive embellir, pas de solitude qu'elle ne puisse animer; et lorsqu'à la place des passions tumultueuses qui fatiguent sur la scène du monde, on rencontre dans la retraite la douce paix de la vertu, ce spectacle inattendu donne, par sa rareté même, les plus délicieuses jouissances. Ainsi de grands écrivains dont la plume éloquente peignit avec tant de charme et de vérité les sites et les productions des régions lointaines, n'ont pas hésité d'y joindre des peintures de mœurs; et sans les intéressantes aventures de Virginie ou d'Atala, ces beaux ouvrages, privés de l'ornement qui seul peut leur donner la vie, se recommanderaient en vain de toute la puissance descriptive du génie qui les inspira.

Dans l'état de notre civilisation européenne, un désert doit être accompagné d'une Chartreuse : un anachorète contemplatif et silencieux est l'habitant naturel de la solitude. L'ame frappée de sublimes objets, s'élève par une admiration muette jusqu'à l'Être tout-puissant qui les créa : sans réflexion, et comme par instinct, elle communique avec lui par la prière; inaccessible aux folles vanités du monde, elle s'anéantit devant le Très-Haut dans une humilité profonde; et la pratique des vertus n'est plus qu'une conséquence nécessaire des devoirs que la religion lui impose. Donnez à l'homme pénétré de ces sentimens un vêtement simple et commode, une habitation modeste, une nourriture frugale; ôtez-lui la distraction des besoins, et vous aurez un véritable Chartreux.

Il manquerait cependant un trait principal à ce tableau, si cet habitant de la solitude ne devait à la religion sublime qu'il professe le précepte de la plus éminente charité. La méditation, le recueillement, la piété assurent le bonheur de sa vie : sa bienveillance envers tous ceux qui abordent son asile, l'hospitalité touchante qu'il donne indistinctement à tous les voyageurs, le rendent pour eux un objet de vénération et de respect, et prouvent qu'en quittant le monde il a voulu fuir sa corruption, sans s'affranchir d'aucune des obligations que la société néglige, et qui sont un des devoirs de son état. Ainsi la Grande-Chartreuse présente à la fois l'admirable spectacle d'une harmonie parfaite avec le désert qui l'entoure, et celui plus sublime encore de la perfection chrétienne. Profondement agitée par les grands objets qui l'ont frappée à chaque pas, l'ame se repose avec délices sous le toit hospitalier, où l'étonnement des sens cède enfin à l'émotion du cœur.

Elle n'est point ici le résultat des mêmes causes qui la produisent dans le monde. Continuellement distraits par le mouvement rapide des affaires, des plaisirs, des passions; entraînés par le tourbillon des intérêts, faibles jouets de leur perpétuelle inconstance, les vicissitudes de la fortune ne nous touchent que lorsque l'accélération de leur mouvement nous offre un spectacle inaccoutumé. Des événemens ordinaires, quoique importans, placés à de longs intervalles dans la série des temps, laissent le commun des hommes dans le train de leurs habitudes. Les scènes affreusement tumultueuses de la révolution, ses agitations subites et journalières, les intérêts qu'elle déplaçait, ceux qu'elle faisait éclore, les crimes qu'elle inspira, les dangers, les terreurs qui marchaient à sa suite, les innombrables fléaux dont la France fut inondée, furent trop long-temps pour nous, misérable génération destinée à en être témoin et victime, la source à jamais déplorable des émotions les plus fréquentes et les plus vives. Il semble que ce fruit amer de la dépravation humaine ne devait pas être connu dans un lieu si peu fréquenté par les hommes : il y fut porté par des pervers, dont la main criminelle se hâta de frapper tout ce qu'elle put atteindre. Mais les montagnes inaccessibles du désert, ses forêts sauvages et profondes, l'imposant murmure de ses torrens, la chute effrayante de ses cascades, le calme paisible de ses jours sereins, le fracas épouvantable de ses tempêtes, tous ces grands effets qui, placés hors de la puissance de l'homme, lui prouvent une puissance supérieure qui se rit de ses vains efforts, tout cela subsiste encore dans un ordre immuable et constant qui, donnant à ces lieux un caractère de stabilité que le monde ne saurait offrir, en fait une source de sensations qu'on chercherait vainement ailleurs.

C'est ce calme doux et paisible, dont on est pénétré lentement et comme par infiltration, qui vous dispose aux grands effets placés sous vos yeux. Ils sont ici ménagés par des intervalles que la narration ne peut exprimer, et qui semblent en augmenter l'intérêt. Leur progression insensible vous fait arriver sans secousses jusqu'à l'extrémité du désert, où la vaste étendue du monastère, la noble simplicité de ses bâtimens, l'élégante variété de ses combles, de ses dômes, de ses clochers, la hardiesse de sa construction sur une pente rapide où la moindre cabane trouverait à peine à se placer; la verdure de ses prés, le silence de ses bois; une population nombreuse renouvelée sous les auspices de la religion et de la pénitence; tout ce qui vous entoure, et jusqu'au son éloigné de la cloche argentine, porte à votre cœur un trouble involontaire dont il ne peut se défendre, et auquel il s'abandonne avec une délicieuse volupté.

Pénétrons dans cette sainte demeure : parcourons ces longs dortoirs, ces cloîtres immenses dont l'œil ne peut mesurer l'étendue, et qui ne paraissent habités qu'aux heures de la prière; suivons sous leurs voûtes sonores et jusqu'au sanctuaire la foule recueillie de ces pieux cénobites : leur voix imposante et grave adresse au ciel une hymne fervente; ils se prosternent........ et tout rentre dans le silence. Qui n'éprouverait, à la vue de ces objets si étrangers à notre monde, des sensations extraordinaires! Dès les premiers pas, c'est la nature seule dans le simple appareil de sa force et de sa beauté, puis une succession graduée de spectacles imposans, enfin celui majestueux et sévère d'une religion divine qui subjugue l'ame et parle à tous les sens à la fois.

Cette dernière impression complette le voyage et lui donne un but satisfaisant. On y est tellement préparé, que ceux qui ont vu la Grande-Chartreuse pendant sa désolation et veuve de ses religieux, ont dû éprouver un désappointement pénible, comme celui d'un drame intéressant brusquement interrompu, ou qui n'aurait pas de dénouement.

Le retour de ses premiers habitans lui rend aujourd'hui son ancien caractère. Le suave précepte de la charité, si recommandé par l'Évangile, fut la première base de la règle de saint Bruno, et ses disciples l'observèrent toujours avec zèle. Il eût été peu conforme à l'esprit religieux de repousser ceux qu'un motif quelconque attirait vers ces monastères placés ordinairement loin du commerce et de l'habitation des hommes. Trois jours d'hospitalité étaient jadis accordés au pélerin ; le régisseur que la révolution y plaça n'avait ni les mêmes motifs, ni les mêmes ressources ; la charité, celle du moins que la religion inspire, n'entrait sans doute pour rien dans ses calculs. La règle a repris son empire, avec quelques modifications trop justifiées par les circonstances. Comme autrefois, l'abord de cette belle solitude est ouvert à tous les voyageurs ; comme autrefois, ils y affluent journellement. Si la piété en guide quelques-uns, la curiosité attire le plus grand nombre. Marchant ensemble au même but, tous les âges, toutes les conditions s'y rencontrent : la vieillesse et l'enfance, le laboureur et le lévite, le magistrat et le guerrier, le citadin et le courtisan, le riche et le pauvre, tous les états s'y confondent avec des intérêts divers, et, comme dans le voyage de ce monde, se séparent bientôt pour ne plus se revoir. Une foule ignorante et simple ne vient plus se désaltérer à la fontaine miraculeuse du désert; le pécheur conduit par le repentir, le malheureux dégoûté du monde, celui qu'anime une piété fervente, y viennent rarement chercher des avis, des consolations ou des exemples. Le dessinateur et le peintre sont là, pour étudier les formes hardies de ces admirables paysages, les lignes majestueuses et bizarement rompues de ces montagnes, la teinte vaporeuse de ces lointains, la prodigieuse variété de ces plans, la hauteur immense de ces rocs, l'obscurité profonde de ces abîmes. Le botaniste, sûr d'y faire la plus abondante moisson de plantes de tous les climats, n'y voit que la richesse de la végétation, et n'admire que son éclatante diversité. Le naturaliste s'étonne des trésors que la nature lui prodigue, et s'empresse d'augmenter ses collections. Le vulgaire marche au travers de ces richesses sans les apercevoir; et si parfois son œil mesure la hauteur des montagnes, ou la profondeur des vallons, il n'en ressent qu'une impression fugitive dont il ne se rend pas compte, et qu'il ne transmet pas au-dehors. N'est-il pas étonnant que, dans une suite de plusieurs siècles, aucun d'eux ne nous ait laissé une description de ces lieux remarquables, suffisante pour les faire connaître à ceux qui ne peuvent les visiter (1) ?

(1) L'auteur anonyme d'un *Voyage en France*, en

En essayant de remplir cette lacune, il est inutile de prévenir que la vérité seule guidera ma plume. L'aspect de ces lieux est immuable, et la ressemblance du portrait peut seule donner quelque crédit à la peinture. Quelle imagination assez audacieuse prétendrait d'ailleurs faire préférer ses chimères à de si belles réalités ? Je veux qu'en me lisant sur les lieux, tout voyageur puisse s'y reconnaître ; je veux qu'à son retour il montre mon livre avec confiance à ceux qui, ne pouvant faire ce

---

mai 1790, sortant de Grenoble, disait : « On entre » dans une gorge qui n'est pas éloignée de la Grande-» Chartreuse : elle est là, derrière ce *Pélion*. Je vous » y conduirais, quoiqu'on n'y monte qu'à cheval, et » qu'il y ait cinq lieues de détours : mais il est inutile » de visiter des morts. La Grande-Chartreuse est au » terme de son existence ; on n'en parlera plus que » dans la légende ». Telle était la déplorable insouciance de ces temps futiles, où la manie imprudente du bel esprit, jugeant de tout avec une légèreté qui se dispensait de connaître, nous précipitait en aveugles vers tant d'innovations funestes qui ont fini par le cahos.

voyage, désireraient connaître ce qu'il a vu ; je veux qu'il y fonde lui-même ses souvenirs. Ainsi mes descriptions seront fidèles. Quant à mes jugemens...., résultats de nos sensations, ils sont variables comme elles. Je dirai ce que j'ai senti, sans m'embarraser que d'autres aient pu sentir autrement que moi. Qu'on me pardonne cependant un peu d'enthousiasme dont j'aurais vainement cherché à me défendre : transporté dans une région nouvelle, où rien ne ressemble à ce que nous voyons communément ; entouré d'objets dont la sublimité m'étonne, pénétré d'une admiration qui m'accable, luttant avec effort contre une émotion toujours croissante, mes idées prennent un autre cours, mon cœur sent une impression nouvelle, tout mon être une existence inconnue. Dans ce désert où rien ne me retrace le monde, il a cessé d'exister pour moi, son souvenir s'efface, ses distractions s'évanouissent. La religion, dont le signe sacré s'offre souvent à mes regards, me parle ici par tous les sens. J'entends volontiers son langage, je m'abandonne à ses inspirations. Voudrais-je fermer les yeux aux charmes de la solitude ? voudrais-je me priver de ses douceurs ? Quel autre fruit puis-je en attendre ?

La Grande-Chartreuse est située dans la partie nord-est du département de l'Isère, démembrement de l'ancien Dauphiné, à cinq ou six lieues de Grenoble. Son désert est dans un vallon étroit, creusé entre des montagnes escarpées par un torrent rapide appelé le *Guyer-mort*, pour le distinguer d'un autre torrent auquel il se réunit bientôt, appelé le *Guyer-vif*, qui forme de ce côté la frontière entre la France et la Savoie. La direction générale de ce vallon, en remontant le cours du Guyer depuis Saint-Laurent-du-Pont, est presque du nord au sud, inclinant à l'est. Il est entièrement couvert de bois, de pâturages et de rochers presque inaccessibles, et fermé à ses deux extrémités par des précipices impraticables, avant que des travaux ménagés avec art sur les bords du torrent y eussent fait un passage.

En partant de Voreppe, village où l'on quitte la grand'route de Grenoble, on monte par une pente assez difficile dans un vallon agréable et cultivé, dont le village de Saint-Laurent-du-Pont occupe le centre; puis, à travers le désert, par un chemin sinueux qui longe le Guyer et tourne presque directement au nord, on arrive, en gravissant continuellement des côtes plus ou moins rapides, au monastère placé à la cime du vallon, à demi-lieue de la rivière, au milieu d'une immense prairie très-inclinée au sud-ouest, qu'entourent d'épaisses forêts et des rochers escarpés de la forme la plus pittoresque.

Ces montagnes tiennent aux Alpes, et sont une ramification considérable de cette branche qui, appuyée d'une part sur le Mont-Blanc, de l'autre sur le Mont-

Genèvre et le Mont-Viso où le Pô prend sa source, voit le Mont-Cenis s'élever derrière son centre, et qui, resserrant dans ses gorges profondes les ondes rapides et fougueuses du Drac et de l'Isère, s'abaisse enfin vers les bords du Rhône, où expirent ses dernières ondulations. Leur masse est principalement calcaire; leur sommité, presque toujours couronnée de neiges, semble dépouillée de terre et de végétation ; pendant quatre mois d'été, elle se tapisse d'une herbe épaisse et parfumée, nourriture succulente des innombrables troupeaux qu'on y mène en cette saison. On y trouve différens marbres, quelques grès, des marnes, souvent des schistes, et par conséquent des ardoises dont la décomposition teint les eaux de l'Isère. Mais ces roches diverses ne sont que des accidens sur la masse totale de ces montagnes, où le calcaire domine dans toute la bizarerie de ses couches et de ses formes. La richesse de leurs vallées, la fécondité de leurs pentes et la variété de leurs crêtes, en sont les caractères les plus remarquables, et les rendent dignes de l'attention du naturaliste et du dessinateur.

Chaque fois que, pressé par diverses affaires, je parcourais la route tracée à leur pied, je regrettais de ne pouvoir leur donner un regard plus attentif. Heureux, disais-je, celui que le malheur des temps n'a point privé de la fortune de ses pères ! Il peut disposer de ses loisirs dans une douce indépendance, se livrer sans contrainte aux occupations qui lui conviennent, et savourer en paix le charme attaché à la littérature et aux arts. N'ai-je le sentiment de la liberté que pour en éprouver la privation ? Sans intrigue et sans ambition, j'ai cherché les jouissances de l'ame ; des méchans ont envié jusqu'à mon repos. Ami passionné des arts qui jadis soutinrent mon existence, de ridicules préjugés m'en ont long-temps imposé l'abandon ; et lorsque, dans une juste indignation, j'eus secoué des entraves si gênantes, le devoir m'imposa d'autres chaînes, et ma résignation à les porter n'a point désarmé les pervers qu'irrite ma philosophie. Je cherche l'honnête, le juste, le bon; je ne vois que dépravation, injustice et malheur. Sous le voile de l'amitié, j'ai rencontré l'ingratitude, et si j'ai pu faire quelque bien, on a voulu m'accabler de maux. On y eût réussi peut-être, si mon cœur indépendant et fier ne s'était mis hors de la portée des perfides, et si, de la région solitaire où il se suffit à lui-même, il ne voyait en pitié les vains efforts de leur perversité. Ne pourrai-je me dérober enfin à ce spectacle qui m'importune? Quittons un moment cette arène odieuse : le désert est près de moi; allons visiter le désert. La religion y règne, dit-on, loin de la corruption du monde; là, du moins, si l'homme s'offre encore à mes regards, son cœur, purifié par la vertu, ne me laissera point redouter ses embûches, et je pourrai me flatter enfin d'avoir vécu quelques jours loin des traîtres et des méchans.

Je partis dans ces dispositions, accompagné de mon fils. A peine sorti de l'enfance, et dans cet âge heureux où toutes les impressions sont durables, je pensai qu'il était important de frapper à la fois son esprit et ses sens par la vue d'objets propres à lui donner de fortes pensées. Studieux et réfléchi, mon Félix est mon seul ami et le compagnon chéri de ma solitude ; il préfère une étude sérieuse et des entretiens instructifs aux amusemens de son âge : il m'est précieux à plus d'un titre, et je l'aimerais comme un élève, si la nature ne me dictait un plus doux sentiment. Il a recueilli les avantages que je me proposais ; il a su voir et juger : je lui dois des remarques importantes, et je suis certain que le souvenir de son premier voyage ne s'effacera jamais. Mon but est rempli. Notre costume était celui de voyageurs pédestres : le havresac sur le dos, la petite gourde en sautoir, et le parapluie à canne, outre l'album obligé, et mon Horace, compagnon agréable avec qui j'aime à converser. Car pour bien voir ces belles solitudes, il faut être à pied, et ne pas s'embarrasser de bagages. Il est bon de pouvoir communiquer sa pensée; mais il faut éviter les distractions d'une compagnie nombreuse.

Arrivés à Voreppe par la diligence, nous eûmes le temps d'en examiner le site. Ce village, où l'on doit quitter la grand'route pour prendre au nord le chemin de traverse qui conduit à la Grande-Chartreuse, en passant par Saint-Laurent-du-Pont, est situé dans une gorge étroite et pittoresque dont l'Isère occupe le fond. Cette vallée fermée de hautes roches calcaires, dont les bases décharnées tombent à plomb sur le bassin qu'elles entourent, est agréable et fertile. Le sol noir et profond, à en juger par la vigueur et la beauté des arbres qu'il produit, paraît être formé des délaissés de la rivière, dont les eaux bourbeuses et rapides, obéissant à l'inclinaison très-sensible du terrain, ont successivement abandonné les parties hautes vers le village et la grand'route, et coulent maintenant au pied des rocs escarpés qui la cernent au midi, à demi-lieue de distance, dessinant par leurs sinuosités toutes les arêtes que lui opposent leurs flancs bizarement inclinés.

Placé sur les débris accumulés d'un ravin, le bourg de Voreppe domine ce beau vallon, qui tourne à l'orient et communique au vaste bassin où est située l'antique *Cullaro*, qui reçut de l'empereur Gratien le nom plus harmonieux de *Gratianopolis*, défiguré par nos dialectes modernes en celui de *Grenoble*. Nous ne prendrons point la route qui conduit à cette ville; mais j'invite le voyageur qui la suit à jeter un regard, en passant sur le pont de Voreppe et sans se détourner d'un pas, sur le charmant tableau qui se présente à gauche. Au-dessus d'un torrent dont les bords rocailleux sont parsemés de maisons diversement groupées, s'élèvent, au milieu d'une touffe d'arbres, un clocher de village et quelques chaumières que le hasard a placées là pour le plaisir des yeux. Des bois de châtaigners servent de fond à ces cases rustiques, et des clairières découvrent çà et là les traces de la culture. C'est le pied d'une énorme pyramide qui se déploie en larges collines rendues fertiles par le travail des habitans. Dans l'éloignement, un long rocher couronné de sapins et divers pics de hautes montagnes semblent appeler votre curiosité plus loin. Quand le torrent qui rassemble les eaux de ces collines les roule avec fracas sur un lit incliné et parsemé de roches, l'opposition qu'il fait avec le caractère tranquille du fond du tableau est de l'effet le plus riche et le plus heureux.

Voreppe, que la tradition locale appelle *Vorago Alpium*, est, dit-on, une position militaire importante, où des forces peu considérables, venues sans obstacle par le chemin des Échelles, pourraient, en quelques heures, se retrancher avantageusement et couper toute communication avec Grenoble, le fort Barreaux et la haute vallée. Le cours de l'Isère serait intercepté, et rien ne pourrait entrer dans Grenoble, ni en sortir, soit par terre, soit par eau. C'est aussi le seul point de cette route qui fut disputé pendant l'invasion de 1814, et les traces encore subsistantes des boulets et de la mitraille sur les arbres qui bordent le chemin, prouvent assez que l'attaque y fut sérieuse. Ces deux routes ceignent à l'occident et au midi les rochers qui renferment le désert de la Grande-Chartreuse.

Nous prenons à l'entrée du pont celle qui doit nous y conduire; elle est la plus facile, la plus courte, et sans comparaison la plus intéressante pour arriver à notre but : on s'en convaincra par les détails que je vais donner, et je n'hésite pas à la conseiller à tous ceux que la curiosité y conduira désormais. Elle s'élève d'abord par une pente âpre et pierreuse, taillée sur le flanc d'une montagne parsemée de bois, d'où l'on aperçoit au loin le cours sinueux de l'Isère et les belles campagnes qu'elle arrose. Mais bientôt, arrivé au sommet qui domine le village, le chemin est plus doux, et l'on ne trouve plus jusqu'à Saint-Laurent-du-Pont, pendant une marche de plus de deux heures, qu'une route agréablement ombragée, dans un vallon fertile et bien cultivé.

Là, près du point culminant, nous nous reposâmes auprès d'une ferme que le propriétaire nous dit se nommer *la Gelas*, parce que les bises d'hiver s'y font vivement sentir. Nos yeux se portaient, à peu de distance, sur une longue suite de rochers qui paraissent partout inaccessibles. Ils ne le sont pas à la cupidité des villageois, qui vont hardiment, jusque sur les plus hautes cimes, abattre les sapins, qu'ils précipitent par des fondrières destinées à cet usage. L'arbre coule avec la rapidité d'un trait dans le ravin, où, dépouillé de ses branches, il est traîné par des bœufs, sur des sentiers impraticables, aux scies qui les divisent, industrie principale de ces contrées. Les terres éboulées qui garnissent le pied de ces roches nourrissent des bois de hêtres, ou sont cultivées en champs, en pâturages, et surtout en vergers. Cette alternative de bois et de culture devrait attirer du gibier de toute espèce : le cultivateur avec qui nous parlions nous assura que la chasse y était peu fructueuse, et que les habitans n'y avaient des armes que pour poursuivre le chamois, assez rare sur ces premières montagnes, ou les ours qui viennent plus souvent dévaster leurs champs d'avoine.

De cet endroit au village de St-Laurent, le chemin est généralement bordé de grands arbres, chênes, noyers, frênes, érables, et souvent de pommiers chargés d'une immense quantité de fruits : leurs têtes se touchent, s'entremêlent, et donnent une fraîcheur délicieuse. Quelquefois le chemin se resserre entre deux tertres couronnés d'une haie odorante ; quelquefois il s'élève au-dessus des champs que l'œil mesure au loin ; tantôt un ruisseau l'accompagne ; puis il est traversé par le torrent que verse la montagne, et des ponts n'ont pas toujours pourvu à l'embarras du voyageur.

Ces lieux offrent des points de vue très-remarquables et des paysages de la plus agréable fraîcheur. Les rochers qui les bornent à droite charment souvent le regard par la beauté pittoresque de leurs formes, l'austérité de leur coupe, et la variété des forêts qu'ils nourrissent. A leur pied, la parure mouvante du frêne et du fayard, leurs longues branches que le moindre souffle agite, et qui, sans cause apparente, s'élancent en murmurant et retombent avec grâce, leur feuillage mobile et découpé mêlé à celui plus large et plus mâle de l'érable et de l'orme ; sur leurs cimes, les tiges immobiles du sapin, ses branches roides, horisontales et opposées, sa chevelure noire, hérissée, subsistante, offrent un contraste frappant aux yeux les moins exercés; on sent que la nature qui nous appelle sous l'ombre des premiers, leur a prodigué tout ce qui peut les embellir, tandis que le sapin, né pour affronter l'orage, inutile à l'homme qu'il ne peut nourrir, végète fièrement aux lieux où ses pas ne peuvent atteindre.

Au pied de ces montagnes sont quelques ravins irréguliers qui rassemblent les eaux de pluie tombant des roches voisines, et les portent dans l'Isère par celui qu'on traverse à Voreppe. Dès leur naissance, on peut juger de la quantité d'eau qu'ils reçoivent pendant les fréquens orages de ces hautes contrées. Leur lit stérile et blanchâtre, large, sillonné, hérissé de cailloux, sort tout formé d'un repli de la montagne qui n'a point de profondeur : on voit qu'il vient de là, et déjà il a toute sa puissance. Des filets d'eau imperceptibles coulent sans bruit dans chaque fente, et, à peine réunis, leur masse terrible, semblable à celle d'une multitude turbulente, s'annonce par un fracas épouvantable. La culture n'ose pas approcher de leurs bords anguleux sans cesse morcelés par les ondes. Là sont, comme en réserve jusqu'à la crue prochaine, les arbres que le hasard y fait naître; là sont déposés les troncs informes que la dernière averse put dérober aux bûcherons; et les rochers que la première furie du torrent emportera comme une paille légère, sont à divers intervalles les témoins de ses précédens ravages.

Toutes les parties du paysage n'ont pourtant pas ce caractère. A gauche de la route, la culture adoucit les traits d'une nature encore sauvage, mais domptée par les soins de l'homme. C'est un coteau couvert de bois et de verdure, dont les longues ondulations se fondent, se perdent les unes dans les autres, et dont la première ne semble cacher les suivantes que pour les laisser se développer successivement, à mesure que l'œil charmé les découvre en avançant. Rien n'est agréable comme la différence des deux côtés de cette belle vallée. La règle des contrastes, source féconde de tant de beautés dans la littérature et les arts, serait ici enseignée par la nature : elle explique le plaisir qu'on éprouve. Tour à tour le regard se porte sur les aspects les plus agrestes ou les plus sauvages, des montagnes imposantes ou des coteaux charmans. Les nombreuses inflexions du chemin les placent naturellement sous vos yeux ; et au sortir d'un bosquet fourré, on est agréablement surpris de trouver un autre paysage que celui qu'on voyait en y entrant.

La pente générale du vallon change presque subitement ici, et les eaux qui déversaient au midi dans la gorge étroite de Voreppe se dirigent désormais vers le nord, et serpentent avec rapidité au milieu des arbres, des champs et des prairies de la plus fraîche parure. Elles se divisent ou se réunissent suivant les besoins de l'agriculture : ici elles coulent paisiblement entre deux rives verdoyantes, ombragées par des arbres touffus dont les fruits pendent et se rafraîchissent dans leur cours; là elles s'échappent tout à coup sur le gravier qu'elles couvrent d'une nappe légère, laissant à peine au voyageur indécis le choix du gué sur leurs diverses branches, qu'il ne franchira pas sans se mouiller le pied; souvent c'est une grosse pierre qui, lancée au hasard dans son cours, en facilite le passage; d'autres fois ses rives sont réunies par le tronc renversé d'un arbre encore couvert de son écorce. Là le peuplier élancé, le tremble à la feuille d'argent, le saule ami des eaux, croissent pêle-mêle, avec le caractère que leur donna la nature, et leurs racines puisent dans le torrent l'humidité nécessaire à leur croissance. On remarque dans ces sites divers des oiseaux de différentes espèces;

et tandis que le hochequeue promène familièrement parmi les troupeaux, le pétulant bouvreuil, la timide linotte, voltigent sur les buissons du pâturage, le chardonneret dispute de parure avec les fleurs des champs, et l'aigle plane en silence sur les rochers où il cacha son aire.

Cette culture variée annonce une population active et industrieuse. Trop souvent les habitans des montagnes offrent des apparences de misère et de maladies : un travail pénible et forcé, la privation d'une nourriture suffisante et saine, les livrent de bonne heure à une sorte de décrépitude qui, devançant l'âge, est le signe infaillible de la souffrance. Ceux de cette vallée ont tous les caractères de l'aisance et du contentement. Leurs habitations sont vastes, commodes, appropriées au climat; leurs vêtemens simples et grossiers, mais propres et décens; on voit même parmi eux quelques jolies femmes, ce qui, chez le peuple des campagnes, est toujours un signe de prospérité. Ils savent d'ailleurs ajouter à la fertilité de leurs terres les ressources de l'industrie, en exploitant les forêts des montagnes. Partout les fermes sont mêlées aux usines, aux moulins, aux scies, dont le mouvement rapide et le bruit monotone cèdent à peine à la rapidité et au bruit de la cascade qui les fait mouvoir, et qui, amenée par de longs conduits de bois soutenus par de hauts chevalets, échappe en larges nappes au sentier qu'on lui prescrit, arrose les grands arbres qui abritent la modeste case, et lui donnent l'aspect le plus pittoresque. Près de là sont des amas de planches ou de troncs destinés à la scie. Dans les chemins difficiles et souvent dégradés qui y conduisent, on rencontre fréquemment de nombreux convois de bœufs, traînant d'un pas lent et assuré, sur des roues basses et criardes, les longues poutres qu'on va livrer au commerce. Les conducteurs sont accoutumés à la fréquence des étrangers que le voisinage de la Grande-Chartreuse amène chaque jour parmi eux; ils vous préviennent d'un salut qui n'est pas sans fierté, répondent juste et brièvement à vos questions, et leur bienveillante rudesse a tous les caractères de la droiture et de la franchise. L'un d'eux, dont nous traversions la prairie par un sentier qui semblait abréger la route, se présenta à nous, sur la porte de sa maison, d'un air sévère et disposé à défendre l'envahissement de sa propriété : je lui répondis par un compliment qui parut le flatter; et changeant tout à coup de ton et de manières, il nous invita, avec une politesse rustique, à nous reposer chez lui, en homme qui sait distinguer les intentions.

Nous avancions dans cette belle vallée par une de ces matinées délicieuses qui, à cette hauteur, prennent en été la température du printemps dans nos plaines. L'air était calme, humide et doux; le soleil, qui s'élevait sans nuages, était encore caché pour nous par la haute montagne que nous avions à l'orient. Bientôt il en éclaira successivement les cimes, dont les forêts, recélant encore les ombres de la nuit, paraissaient bordées d'une frange dorée bizarement découpée. Peu à peu ses rayons pénétrèrent dans le fond du vallon, et se jouant parmi des arbres aussi variés par leurs formes que par leur feuillage, laissaient toute la base de la montagne dans une forte demi-teinte. Elle était entourée, cette base, d'un amphitéâtre de verdure, jusqu'au point où le rocher, devenant tout à coup perpendiculaire, semblait opposer une barrière insurmontable à la végétation : alors des filets d'eau plus ou moins considérables s'échappaient de la cime, et, réunis en cascades ou distillant goutte à goutte, entretenaient partout la verdure et la fraîcheur.

Bientôt une large pelouse, ou plutôt une prairie spacieuse entourée d'une haie touffue, nous invita à quelques instans de repos. La chaleur commençait à se faire sentir, et nous voulions jouir de la vue d'un si beau lieu. Un verger et une petite ferme occupent le haut de la prairie qui se prolonge au delà sur plusieurs tertres complantés d'arbres fruitiers, jusqu'au pied peu éloigné du rocher. La transition trop brusque de l'un à l'autre était sauvée, comme à l'ordinaire, par une lisière de bois peu profonde et de la verdure la plus tendre. Tout à coup, comme une décoration de théâtre, les rochers s'élèvent par masses les uns sur les autres, laissant entre leurs plans perpendiculaires des intervalles inégaux occupés par d'épaisses forêts. Ils forment des étages irréguliers par une succession alternative de végétation et d'aridité. La forêt serpentant sur chaque pli de la montagne domine enfin sur le sommet. Les eaux vives et nombreuses qu'alimentent les neiges supérieures, donnent un grand intérêt à ce tableau : elles se précipitent en cascades par toutes les gouttières de ces roches; leur nappe, plus ou moins large, est souvent déchirée par des pointes rocailleuses ; quelquefois elle glisse inaperçue sur la pierre dont elle humecte à peine la surface ; d'autres fois elle court sur une pente qui la divise à chaque pas, ou, se détachant de la cime, elle coule avec lenteur, jouet des vents qui l'agitent comme une draperie légère abandonnée à leur inconstance ; plus souvent elle tombe en bouillonnant sur le roc inférieur. Là des forêts la reçoivent comme une vaste coupe couronnée de verdure, mais elles ne dérobent un moment son cours que pour la vomir plus écumante dans le vallon où elle se répand avec fracas.

Cette partie de la montagne réunit ainsi les différens caractères des cascades que doit bientôt présenter le désert. Elles sont ici moins considérables, parce qu'elles sont plus rapprochées ; mais elles semblent offrir dans leur variété le modèle des accidens divers que les eaux peuvent éprouver dans leur chute. C'est l'assemblage le plus singulier de ces accidens que puisse présenter la nature; et cependant il était incomplet, à en juger par les faibles restes de plusieurs cascades dont les eaux taries mouillaient à peine le rocher. Chacune d'elles a ses beautés particulières, et l'œil étonné ne sait à laquelle donner la préférence; il en jouit d'autant mieux, qu'elles sont disposées sans confusion sur une assez grande étendue, et qu'il peut cependant les embrasser toutes à la fois.

La roche calcaire qui fait le noyau de ces montagnes, semble ici recouverte d'un vaste dépôt de marne qui en a rempli les cavités, et laisse percer par intervalles ses différentes crêtes. Nous ne pûmes nous approcher assez de l'escarpement pour nous assurer de sa composition; mais à la couleur brune ou jaunâtre de ses diverses couches, à leurs coupures déchirées et non point arrondies et cassées comme les blocs grisâtres de la pierre, à leur stérilité complète partout où l'inclinaison n'a pas retenu quelques fragmens de terre végétale, aux larges sillons creusés par les eaux, et surtout à des traces d'éboulemens récens, il était facile de reconnaître la différence des terrains. La fertilité même de cette partie du vallon, où les arbres sont d'une procérité remarquable, indique assez la présence de la marne mélangée à des terrains plus forts qu'elle divise et rassaînit en absorbant les eaux. Après quelques instans donnés à la curiosité, nous quittâmes ces lieux enchantés, où le propriétaire se promenait avec indifférence.

Bientôt un groupe de maisons nous annonça le village de Saint-Laurent. Sur l'une d'elles était écrit en grosses lettres : *Octroi municipal*, et un ruisseau en formait la limite. Cependant la campagne était ouverte comme auparavant, et le village ne paraissait point encore. Nous approchions seulement d'une montagne pyramidale qui, dès l'entrée du vallon, s'offre comme point de perspective, et dont les lignes assez régulières changent successivement d'aspect.

De cet endroit, l'attention est frappée d'une étroite ouverture qu'on voit dans la chaîne des montagnes qu'on a cotoyées, et qu'on devine être l'entrée du désert. La masse du rocher tout à coup interrompue ne laisse pas soupçonner d'autre passage pour y pénétrer. C'est en effet le seul que la nature ait ouvert à l'écoulement de la rivière qui le traverse, et l'on verra bientôt qu'il serait impraticable, si l'art n'avait su s'y ménager une issue. Mais n'anticipons pas. Deux rocs, qu'on juge à leur hauteur égale avoir fait autrefois une masse continue, ont été séparés par les eaux qui y coulent encore. C'est au moins ce que permet de conjecturer l'aspect de ces deux rochers formés des mêmes élémens. C'est un calcaire de seconde formation, dont les bancs homogènes se sont entassés sans secousses et sans mélanges;

consolidés par le cours des siècles, ils ont cédé à l'action continue des eaux produites plus haut par la fonte des neiges ; et cette enceinte, aujourd'hui couverte de forêts, n'a été long-temps qu'un vaste bassin d'où les eaux accumulées s'écoulaient, en creusant sans cesse leur canal sur les terrains plus légers que les torrens minaient dans le vallon au-dessous d'elles. La rivière formait donc alors une ou plusieurs cascades à l'issue de la gorge qu'il faut aujourd'hui traverser, et c'est de cette action puissante quoique insensible des eaux que s'est formée l'ouverture actuelle qui ne se creuse plus, soit que le roc oppose plus de résistance, ou qu'ayant atteint le niveau du vallon, la rivière ait perdu dans cette partie son impétuosité première. Ajoutez à ces présomptions qu'on ne trouve point ici la forme de cassure vitreuse que la roche calcaire affecte toujours en se brisant avec violence, et que ces montagnes n'offrent aucunes traces de volcans, traces si remarquables partout où il en a existé (1). Les laves, les pierres ponces, les basaltes y sont inconnus; on n'y voit que des masses schisteuses, marneuses ou calcaires, et quelques blocs de granit, en petit nombre, roulés par les torrens, qui accusent le roc primitif sur lequel la roche

(1) L'action immédiate des volcans est de convertir, par une fusion subite et instantanée, toutes les substances minérales sur lesquelles ils agissent en une matière homogène qui, sous le nom de *laves* ou *basaltes*, prend des formes très-variées mais toujours constantes. Les recherches des géologues, et surtout celles de notre illustre compatriote Faujas de Saint-Fond, ont, dans ces derniers temps, fait faire des pas immenses à cette science encore dans l'enfance. L'exemple le plus propre à confirmer le système de la formation successive des diverses roches par l'eau et le feu qui se soit offert à mes yeux, est au Puy (Haute-Loire), dans une carrière, hors le faubourg des Capucins, sur le bord du cratère près duquel la ville est bâtie. Le fond du terrain est granitique dans toutes ces montagnes; il est là recouvert d'une couche calcaire de deux ou trois mètres d'épaisseur, et l'on trouve au-dessus le basalte et tous les produits volcaniques bizarement mêlés; fait important sur lequel on écrirait des volumes.

secondaire est fondée; circonstances qui éloignent toute idée d'une révolution subite et confirment notre hypothèse.

Du point où nous sommes arrivés, l'escarpement élevé de ces roches, qui ne laisse voir au delà que le vague de l'air, donne à l'imagination ébranlée l'idée des bornes du monde. A l'austère beauté de ces deux immenses barrières couvertes par échelons très-rapprochés de nombreux sapins, qui y sont placés comme une garde vigilante; à leur coupe verticale, où se manifeste une intention au-dessus de la puissance humaine, et dont la teinte bleuâtre s'accorde si bien avec l'azur qui les surmonte; à l'espace infini où l'œil se perd ensuite; tout inspire du désert une attente curieuse, mêlée, on ne sait pourquoi, de crainte et de joie. On sent que la nature doit y changer d'aspect, que rien n'y doit ressembler à ce qu'on laisse derrière soi; on croit voir les portes du ciel. A cette idée dont on n'est pas le maître, se joignent les impressions de tout ce qu'on entend. Cette vallée n'est fréquentée que par ceux qui vont à la Grande-Chartreuse, c'est le seul but de tous les voyageurs qui la parcourent, et sans cela les habitans cachés dans ce coin écarté des Alpes ne verraient pas un étranger. « Ces Messieurs vont au désert », disent-ils en vous voyant passer, et ce mot ne retentit pas à votre oreille sans vous causer de l'émotion.

Le groupe de maisons où nous avons passé est une partie du village de Saint-Laurent, composé lui-même de plusieurs hameaux assez éloignés les uns des autres. Nous y vîmes tresser avec les tiges flexibles de la vigne sauvage qui entrelace souvent les plus beaux arbres de ces forêts, et qui, bien différente du lierre se nourrissant de leur substance, grimpe au sommet sans leur faire aucun préjudice; nous vîmes tresser de grands paniers propres à recevoir des fruits et être chargés à dos de mulets, seul moyen de transport dans les sentiers scabreux de ces montagnes.

Une église est à peu de distance de cet endroit, sur un tertre écarté du chemin. C'est un bâtiment isolé, entouré de grands arbres, au pied d'une colline dominée par une montagne garnie de quelques sapins. Un torrent qui encombre son lit de tous les débris qu'il entraîne, serpente en plusieurs branches sous les murailles du cimetière. La feuille tremblante des peupliers plantés dans son cours, rappelle les agitations de la vie humaine toujours exposée comme eux à l'inconstance des orages. Partout ailleurs, nous eussions cherché dans une église des marbres ou des tableaux; ici notre attention s'arrêta sur la situation agreste et solitaire de cette chapelle, sur les lignes pittoresques de ses toits aplatis et de son modeste clocher. Dans les crues subites du torrent, qui doit souvent empêcher une partie de la population d'obéir à la cloche qui l'appelle, le zèle doit être stimulé par les obstacles, et la piété s'accroître par le danger : comme au temps de la persécution, lorsqu'une pauvre métairie, changée tout à coup en sanctuaire, rassemblait, au milieu de la nuit, une foule pieuse dont la ferveur égalait le péril.

Bientôt on arrive au principal village formé de deux ou trois rues plus régulières et d'habitations mieux bâties. D'abord quelques façades assez alignées rappellent tous les villages de France, et l'horison découvert qu'on a devant soi ne dément pas ce caractère; mais en tournant à droite, au coin de la rue, on entre dans un pays nouveau. Les maisons basses, isolées, forment des îles irrégulières, suivant le caprice ou le besoin des propriétaires. Comme dans tous les pays froids, exposés à des neiges abondantes, les combles sont élevés et rapides, percés de lucarnes, couverts d'ardoises ou de planches légères coupées dans la même forme. On y voit des toits avancés sur des escaliers extérieurs, des galeries de bois, des cabinets suspendus ; c'est absolument la construction des villages suisses ; je n'ai rien vu qui leur ressemble mieux : il est naturel que la conformité du climat en produise dans les usages. L'aspect de la montagne qui se présente en face et de très-près favorise cette ressemblance : mais la forme de cette montagne est changée, et son caractère n'est plus le même. Le rocher à droite élève toujours avec fierté ses immenses gradins chargés de forêts de sapins ; le rocher à gauche a disparu : ses hautes sommités sont cachées par les premières ondulations de ses collines et par l'escarpement le plus voisin ; il semble s'être retiré pour vous livrer passage, et l'on est entraîné par une vive curiosité. Des vergers, des jardins, entourent ces maisons rustiques, et, déguisant les plans intermédiaires, repoussent la montagne à une distance vaporeuse. Un cours d'eau détaché de la rivière longe cette rue et fait tourner quelques moulins ; on y abreuve les troupeaux, les femmes y lavent leur linge, les enfans folâtrent à l'entour; ils ne s'étonnent point, comme je l'ai souvent éprouvé ailleurs, qu'on dessine leurs chaumières; ils y semblent accoutumés et vous regardent sans indiscrétion. Les voisins vous offrent des siéges avec complaisance, mais l'artiste sait en trouver partout, et leur rend grâce de ces dispositions favorables.

Nous les éprouvâmes surtout dans l'auberge où nous cherchâmes un gîte pour la nuit. Elle était simple et propre; et parmi les habitans que la conformité de goûts y avait rassemblés, et qui, respectant notre présence, se tenaient à l'écart sans affectation et sans timidité, était un homme dont la franchise et la décence annonçaient plus d'usage du monde : il nous donna des renseignemens utiles. Ancien soldat, il était facile à reconnaitre aux habitudes militaires qu'il conservait dans son emploi de garde champêtre et forestier. Les armes qu'il lui était permis de porter n'étaient pas une vaine attribution de son grade ; elles lui étaient nécessaires contre les ours et les loups qui, suivant la saison, infestent ces montagnes. Car les loups, espèce lâche et cruelle, n'osent s'y montrer que lorsque le froid retient les ours engourdis dans leurs tannières ; ils disparaissent au printemps, ne pouvant disputer la jouissance de ces vastes forêts aux animaux plus puissans qui s'en arrogent la souveraineté.

C'est contre eux que, dans ses courses aventureuses, le garde forestier est souvent obligé de combattre. Naturellement paisible, mais brutal par le sentiment de sa force, l'ours de ces montagnes, nourri de fruits et de végétaux, attaque rarement les troupeaux, et ne devient féroce que par le besoin impérieux de la faim, ou celui, plus terrible encore, de protéger ses petits. Dans le printemps et l'automne, ces deux circonstances le rendent également dangereux. Au temps de son réveil, amaigri par un long jeûne, il se rue au travers des pâturages, et, dédaignant les bergers et les chiens, il choisit dans le troupeau dispersé le mouton le plus gras et l'emporte dans sa retraite. Dans l'arrière-saison, marchant encore avec sa compagne, entouré de ses oursins qu'il doit bientôt abandonner pour ne plus les reconnaître, il veille sur eux avec inquiétude, et sa rencontre n'est jamais sans péril. Notre garde l'avait éprouvé depuis peu : caché derrière une roche, il n'avait pas osé tirer sur une ourse qui passait à sa portée avec ses deux oursins; l'un de ceux-ci l'ayant aperçu, s'était brusquement rapproché de sa mère qui l'avait renversé d'un coup de patte. Il craignit de provoquer avec un seul coup cet animal dont la grosseur lui parut prodigieuse.

Ce chasseur courageux pleurait auprès de nous son fils, victime d'une intrépidité funeste. Ce jeune homme, compagnon ordinaire de ses courses, avait souvent exercé son adresse contre ces animaux redoutables, et, réuni à son père, ils se prêtaient au besoin une assistance nécessaire. Un jour, il échappe à la vigilance paternelle, se hasarde seul dans les bois épais du désert : il n'a plus reparu. Victime d'une attaque imprudente, il appela sans doute les secours d'un ami qui ne pouvait l'entendre, et l'écho de la solitude répéta vainement les cris déchirans de son agonie. Ce malheureux père était inconsolable, et le récit qu'il nous faisait avec l'accent d'une douleur profonde nous la faisait vivement partager.

Nous en fûmes distraits par l'arrivée de quelques voyageurs qui s'étaient arrêtés à Voreppe, et nous retrouvèrent à Saint-Laurent. Deux d'entr'eux étaient avec nous dans la diligence ; la rencontre fortuite des autres devait augmenter l'agrément du voyage, et dès le lendemain matin nous partîmes ensemble, après avoir dessiné quelques sites pittoresques de ce village.

Un des plus remarquables est la prise d'eau du canal qui le traverse. La rivière retenue par une chaussée, s'échappe en une bruyante et large cascade, merveilleux ornement du paysage frais et tranquille des environs. La montagne escarpée n'a point changé d'aspect ; l'autre est totalement cachée par les arbres du premier plan. Quelques chaumières d'une construction helvétique se montrent au pied des rochers, entre les bois et les pâturages : leur éloignement sur le flanc ombragé d'une haute montagne, et la colonne de fumée qui s'élevait de leur faîte, rappelaient ce gracieux tableau de Virgile :

> Et jam summa villarum culmina fumant,
> Majores que cadunt altis de montibus umbræ.

Le chemin que vous allez prendre suit à mi-côte les sinuosités de la rivière, au milieu des plus riantes prairies, entourées de profonds bocages qui se prolongent et se perdent de coteaux en coteaux. A l'heure où nous passions, la plupart étaient encore enveloppés d'une ombre aérienne qui faisait ressortir avec avantage les teintes chaudes et vigoureuses du premier plan, principalement occupé par les eaux bourbeuses et jaunâtres du torrent.

Nous sortîmes de Saint-Laurent par un chemin fangeux, qui serpente entre les touffes de hêtres et de sapins, de manière à dominer le cours de la rivière et ses bords enchanteurs. Le pinceau pourrait à peine exprimer les accidens variés qui se présentent à chaque pas. Un artiste, assis dans une prairie élevée, s'occupait à les dessiner. Sans doute il avait parcouru les lieux que nous allions visiter : cette conformité de but dispose à la bienveillance; mais s'il était descendu par où nous allons monter, il n'en faut pas davantage pour changer l'aspect et le sentiment des mêmes lieux. Nous suivons cependant les bords de la rivière : la montagne est déjà derrière nous; nos yeux se portent sur des collines marneuses, couvertes de pâturages et de bois taillis, couronnées au loin par des pics élevés. La croupe de ces collines est profondément découpée par les ravins ; le Guyer ronge incessamment leur base, et y fait une rive taillée qui s'accroît tous les jours ; ses eaux s'étendent en liberté dans un lit parsemé de roches qui les divisent et les font bouillonner à grand bruit : sur la rive où l'on marche, au pied du tertre verdoyant qu'elles entourent, sont quelques masures et des chaumières ombragées par de grands arbres. Au-dessus, quelques rochers fièrement coupés semblent sortir du fond du vallon; leur tête superbe domine cette riante contrée. On devine que c'est une des bornes du désert : c'est en effet là qu'il commence ; bientôt nous trouverons ses barrières. Des prairies, des vergers, accompagnent toujours le chemin. Malgré ces contrastes, et par l'effet même de ces contrastes, ce paysage a quelque chose de paisible qui flatte l'imagination et qui charme les yeux.

Dans ces chaumières est une scie à bois et ses dépendances, où d'énormes blocs de sapin sont divisés par de larges lames d'acier, dont la puissance est mise en mouvement par un torrent impétueux. On pourrait simplifier le mécanisme de la vis qui pousse le bois sous la dent de la scie par une roue dentée ; mais on n'économise ici ni le temps ni la matière.

Cette usine appartient aux Chartreux ; elle est une dépendance très-rapprochée de l'hospice de *Fourvoli* ou *Fourvoirie* (car ce nom nous fut prononcé des deux manières), qui se présente environné de rochers couverts de bois et ombragé des plus beaux arbres. Il n'est peut-être pas de lieu dans le monde offrant, dans un espace si resserré, la même abondance et et la même variété de beaux tableaux. Le terrain est fort inégal : une route tortueuse et grossièrement pavée serpente sous des arbres majestueux, dans une vallée étroite, dont le fond est occupé par les eaux turbulentes d'un torrent qui se précipite de chute en chute avec un fracas terrible et une extrême impétuosité. Ce chemin vous conduit entre deux grandes et vastes fermes dont l'une est sur le bord des précipices. Leurs toits élevés et couverts d'ardoises ne ressemblent à aucune des chaumières qu'on a rencontrées jusquelà. Malgré le délabrement, suite nécessaire d'un long abandon, on y retrouve l'air d'opulence qui présida à leur construction. Des murs épais, percés de petites fenêtres barrées de grilles de fer, ne réveillent pas, comme partout ailleurs, l'idée d'une prison. C'est un lieu de retraite où la méditation, se séparant du commerce des hommes, s'occupe encore de quelques intérêts mondains. Il y a de grands vergers et quelques pâturages : un frère préside à la laiterie et surveille le reste. Les bâtimens exigent des réparations; mais ils sont vastes, bien entendus, et peuvent reprendre, avec le temps, leur destination première.

Ici le dessinateur n'a qu'à choisir ; il est entouré des fabriques les plus pittoresques, de la forme et de la teinte la plus favorable au pinceau. Le chemin raboteux qui contourne au milieu d'elles, les arbres vigoureux qui croissent sur tous les plans et qui les dessinent sans les dérober ; leurs pentes diversement inclinées, animées par quelques troupeaux ; au-dessus, les cimes variées de hautes montagnes, les unes amoncelant leurs pics décharnés comme une immense pyramide, les autres déployant leurs ondulations comme l'orle d'une riche broderie, ou les découpant en vastes pilons rongés par la dent vorace des siècles, et couronnés d'une verdure qui semble l'attribut d'un printemps sans cesse renaissant ; tout se réunit pour composer de toutes parts les plus charmans tableaux.

Mais rien n'égale le mouvement et la richesse de celui qui frappe tout à coup les regards. Les prestiges de la scène n'ont rien de plus magique et de plus subit.

Avancez quelques pas, dépassez l'angle du pavillon que vous avez à gauche; les rochers se resserrent et semblent vous refuser le passage. Échappé d'une étroite ouverture, un torrent fougueux se roule en courroux sur un lit hérissé de rochers : un pont d'une seule arche, large et élevé, appuyé sur d'énormes culées naturelles, joint les bords opposés. Mais à travers son arcade rembrunie, couverte de mousse et de divers arbrisseaux, au milieu du brouillard épais qu'élève le mouvement des eaux, on distingue deux autres arcades qui servent d'aqueducs, sous lesquelles la rivière resserrée par les montagnes tombe en cascade écumante, les abreuvant d'une humide fumée. Des conduits en bois portent ces eaux aux usines pittoresques construites sur les rives : on les voit couler avec vitesse, déverser de tous les bords, s'échapper de toutes les fissures, se précipiter sur des roues de diverses grandeurs qui les divisent en vain en obéissant à leur chute, et se réunir de nouveau pour retomber en bouillonnant dans la rivière, dont le rapide courant, brisé par des roches nombreuses, se partage avec un mugissement perpétuel en une multitude infinie de cascades, de canaux variés dans leurs formes et leurs effets. La construction bizarre de ces fabriques, les unes en maçonnerie avec de longues couvertures, les autres en bois noircies par l'humidité et suspendues sur le torrent; leurs faîtes élevés dont l'ardoise tranche par sa couleur noire sur le grisâtre des rochers et la verdure des feuillages; les herbes, les mousses qui croissent sur toutes les pierres, dans toutes les fentes; les nombreux arbrisseaux dont le branchage mobile, doré par le soleil, se joue sur la masse ombrée de ces plans divers; les arbres élevés qui garnissent cette scène, les rochers tombant l'un sur l'autre qui l'accompagnent, les immenses forêts qui la couronnent et lui servent de fond; tout concourt à en faire un des plus beaux tableaux que puisse présenter la nature. Au moment où je le dessinais, une bergère passa sur le pont ; son corset rouge et sa chèvre blanche completaient le tableau : il ne pouvait être plus grâcieusement animé. L'imagination la plus féconde ne saurait rien produire de plus riche et d'un plus beau caractère. C'est ce que j'ai jamais rencontré de plus admirable pour la variété et la convenance des accidens. Je sens pour le décrire toute l'insuffisance du langage ; c'est au-dessus de tout ce qu'on en peut dire ; le pinceau lui-même n'en donnerait qu'une faible esquisse, puisqu'il ne pourrait rendre le mouvement et le bruit qui animent cet admirable tableau.

Mais il faut s'arracher à l'enchantement de ces rives, comme aux illusions mondaines dont elles imitent le brillant et inutile fracas. C'est le dernier endroit de ce voyage où l'homme du monde et sa turbulente inquiétude se placent encore sous vos yeux. Ici, ces hommes toujours occupés à pourvoir à des besoins factices, doivent encore réunir leurs efforts pour dompter la nature et la contraindre à concourir à leur but. Ils s'emparent pour leur usage des eaux impétueuses du torrent, les détournent dans des routes nouvelles, les obligent à faire mouvoir de vastes rouages, et ne les abandonnent qu'après les avoir rendues dociles. Elles s'indignent en vain des entraves qu'on leur donne ; en vain elles veulent échapper à l'étroite prison qui les renferme ; leurs efforts attestent leur esclavage, et diverses usines, chefs-d'œuvre de l'industrie humaine, s'accumulent, se pressent vers cette porte du désert, comme l'écume que la mer dépose près d'un rivage inaccessible à ses tourmentes. Au delà, ces soins profanes et périssables ne seront point connus. L'homme du désert n'a qu'une affaire : dégagé des soucis du monde, il s'occupe du ciel dont son cœur partage la pureté ; esclave échappé de ses chaînes, il n'en donne point aux êtres qui l'entourent, et les laisse, comme lui, obéir librement à des penchans que la nature avoue et que la raison approuve. Hâtons-nous d'aborder ce pavillon modeste, dont la porte ouverte devant nous semble la limite commune du monde et de l'éternité. Malgré les beautés sans nombre du tableau qu'on admire, on éprouve une singulière impatience de la franchir.

Ce pavillon, adossé au rocher, occupe l'étroite chaussée prise sur le lit du torrent. Une double porte peut fermer le désert et couper toute communication. Au-dessus de la voûte est le logement du portier. Sans garde, sans défense, cette porte, ouverte à tout venant, admet à toute heure et sans distinction tous ceux qui se présentent. Le riche et le pauvre, le juste et le pécheur, y arrivent chaque jour avec une égale certitude de n'être pas repoussés. Véritable emblème de la religion, elle ne se ferme à personne, et promet à tous les hommes la même facilité. Que ne peut-elle redire toutes les émotions dont elle fut témoin ! Que de soupirs ont éclaté sous cette voûte ! combien de repentirs jusque-là concentrés s'y sont manifestés par des larmes ! que de remords calmés à son aspect ! que d'illusions dissipées à son approche ! quel intarissable sujet de méditations profondes !... Marchez sans défiance, vous qu'un motif quelconque amène dans ces lieux ; passez sans vous troubler sous cette porte muette qui ne transmit jamais rien à l'indiscrète curiosité du siècle. Soit que votre émotion ait pour cause quelque pénible souvenir, soit quelle se complaise dans une origine plus pure, vous n'avez pour témoin que l'œil scrutateur qui pénètre au fond des abîmes, et qui seul peut lire en celui que vous cachez dans votre sein. Mais rendez grâce à la charité qui, dès votre premier pas sur la terre qu'elle consacre, s'est occupée de secourir votre faiblesse. Élevée pour vous protéger contre l'intempérie des saisons, pour arrêter vos pas, si votre inexpérience des orages de ces climats, si l'approche même de la nuit, toujours dangereuse dans ces solitudes escarpées, devaient vous exposer à quelques périls, cette porte vous offre un asile toujours ouvert à vos besoins. Personne ici ne s'informe de vos démarches ; son hospitalité n'a d'autre but que vous-même, et, bien différente de celle qui clôt les parcs de l'opulence, le soupçon ne veille point pour en interdire l'entrée.

Sur le cintre de cette porte, une sculpture grossière représente un globe surmonté d'une croix. Emblême sublime ! qui ne sauriez frapper mes yeux sans parler à mon cœur, j'entends votre langage ! C'est ici l'empire de la croix; ici le monde subjugué ne s'élève plus pour la combattre : victorieuse des préjugés, des erreurs, des vaines passions des hommes, juge impartial et sévère de leurs caprices, de leurs folies, de leurs malheurs, trop souvent, hélas! de leurs forfaits, ici elle règne avec gloire sur un trône paisible. Salut ! ô signe vénérable d'indulgence et de protection! Loin des atteintes du méchant, dans une douce confiance, je marche ici sous vos auspices; j'entre avec calme sur cette terre sacrée, asile peut-être unique du bonheur et de la vertu; je sens que vous pouviez seule ménager dans le monde une retraite impénétrable à ses vices.

Ce petit édifice est simple et sans art. C'est un toit jeté sur un double arceau et couvrant un petit logement. Mais c'est l'entrée du désert; et dès le premier pas l'œil est frappé de la sauvage âpreté du rocher qui vous dispute le passage, de l'abime tortueux où le torrent gronde en vous menaçant, des sinuosités fréquentes d'une route étroite et difficile, dérobée en partie à la roche creusée en demi-voûte, et en partie au torrent toujours prêt à ressaisir ce qu'elle lui arracha. Le passage inattendu et subit de l'un à l'autre de ces lieux si rapprochés et si différens, fait éprouver une surprise, une commotion rapide difficile à décrire. Leur aspect offre des caractères tellement opposés, que l'ame en est, pour ainsi dire, bouleversée, et que la vivacité de l'émotion ressemble presque à la douleur. Hésitant, craintif, sans trop savoir pourquoi, le voyageur s'accuse de témérité, et songe presque à retourner en arrière.

Que vient en effet chercher ici le frivole habitant des cités? Des jouissances voluptueuses? c'est le séjour de la pénitence; des sensations agréables? la nature est austère comme la religion qui s'y cache : l'une et l'autre ont fui devant la corruption; elles aiment la solitude, où, loin des regards profanes, elles trouvent tant de délices dans la contemplation sublime du Dieu qui, les créant ensemble, les doua, comme deux sœurs, d'une ressemblance qu'on ne peut méconnaître. Mais elles s'entourent d'aspérités : une volonté ferme et constante peut seule parvenir jusqu'à elles; des obstacles mille fois répétés arrêtent l'indifférent conduit par une vaine et froide curiosité : elles ne se montrent qu'à ceux qui les recherchent avec ardeur ; c'est la récompense du courage, et nous marchons animés par l'espérance de ce noble prix. Les premiers pas que nous faisons sur cette route sont rebutans comme ceux qui ramènent à la vertu. Avançons avec persévérance ; elle seule mène au succès. Cependant on s'étonne de l'âpre nudité de ces roches, de leur coupe sauvage et menaçante, de leur taille informe et gigantesque. On se cherche soi-même, on ne se trouve plus. Atterré dans son néant, on n'a plus devant soi que la nature seule dans sa terrible majesté. A vos pieds, le torrent mugit, tourbillonne et s'enfuit ; sur votre tête, le ciel est calme, silencieux, immobile ; autour de vous, des masses arides vous disputent un étroit passage dans la fente tortueuse où le travail l'a usurpé sur les eaux : tout ce qui s'offre à vos regards porte un caractère sombre, austère, imposant ; on combat vainement une secrète horreur; saisi d'un frisson involontaire, on sent une inquiétude vague, indéfinie, qui n'est pas exempte de charmes.

A la fois taillé dans le roc et suspendu sur des voûtes, ce chemin étroit et raboteux côtoie des gouffres profonds, où les eaux resserrées du torrent se brisent entre les bases opposées des montagnes rivales qui se touchent, et quelquefois, comme dans un lac paisible, semblent glisser en silence et se renouveler sans bruit. Des rochers élevés bordent ce périlleux défilé : leurs flancs déchirés par l'effort de la poudre n'ont cédé qu'à cette force irrésistible. Coupés à pic, souvent ils s'avancent sur votre tête en masses menaçantes, d'où l'eau distille goutte à goutte, et vous fait éprouver sous un ciel serein les inconvéniens d'une forte pluie. Ces masses informes et grisâtres se refusent à toute végétation; les mousses, les lichens, ne peuvent s'attacher à ses pores; à peine quelques broussailles cherchent une subsistance difficile et rare sur leurs plus hauts sommets, ou dans le talus rapide d'un petit ravin. La stérilité la plus complète a frappé les flancs de ce roc dépouillé, contre lequel la vue se brise à chacun de ces nombreux contours qui, rentrant les uns dans les autres, ne laissent apercevoir que les profondeurs du ciel et celles de l'abîme.

Qu'ils sont petits les ouvrages de l'homme au milieu de ces masses imposantes ! Tout ici porte l'empreinte des efforts qu'il a dû faire pour s'ouvrir un passage : on voit que le fer et le feu ont long-temps aidé son industrieuse patience ; car si la main laborieuse des anachorètes de ce désert n'eût pas conquis ce chemin sur l'épaisseur de ces roches, ce n'est point par cette avenue que la piété aurait peuplé leur solitude. Le mur qu'ils ont construit à grands frais sur les pointes de rochers qui bordent le précipice, et dont la crête sert de chemin, la demi-voûte taillée avec tant de peines sur le flanc nu et perpendiculaire de la montagne, ouvrages de plusieurs années, disparaissent dans ce grand ensemble et n'en sont pas même un détail. La route, en cette partie, n'a guère plus de cinq ou six pieds de largeur; la pente en est aussi douce que peut le permettre la disposition de ces lieux, et quoique négligée depuis long-temps, elle n'est pas dégradée autant qu'elle pourrait l'être. Mais le voyageur, également effrayé de la montagne et du torrent, a besoin de tout l'espace qu'elle lui prête; il tremble d'approcher de ses bords. Pour me familiariser avec cette belle scène, je la dessinai du lieu où la surprise m'avait arrêté, tandis que mes compagnons cherchaient plus loin des sites plus agréables. Pendant ce temps, une couple de bœufs, traînant une longue pièce de bois, parut au tournant voisin et en occupait toute la largeur : l'arbre, plus long que les détours du chemin, se portait alternativement sur chaque bord qu'il dépassait de beaucoup, et sa rencontre était très-périlleuse. Incertain quelques instans sur le poste à prendre pour l'éviter, je ne trouvais rien de mieux que de retourner en arrière, lorsqu'un pli du rocher m'offrit un abri suffisant. Malgré les soins des conducteurs, je n'aurais pas été en sureté sur cette étroite chaussée.

Cette entrée du désert annonce la sévère austérité qui l'habite. Le voyageur y prend une disposition silencieuse et mélancolique; il se concentre en lui-même, obligé d'y chercher des forces pour soutenir le spectacle qui le frappe; il n'en trouve que pour admirer, et la parole manque à ce sentiment. Quel téméraire oserait interrompre ce majestueux silence? qui ne craindrait d'éveiller les échos de ces rochers? Leur voix formidable s'élèverait sans doute pour lui reprocher son audace, et des sons terribles menaceraient son imprudence. Je passai rapidement, et je rejoignis mes compagnons sous les premiers arbres de la forêt.

Elle se montre à mesure qu'on avance, et se développe graduellement. D'abord on l'aperçoit au loin dans l'intervalle resserré des rochers, puis on la perd de vue, puis on la retrouve encore; enfin elle se déploie avec tous ses charmes, comme pour vous dédommager de la scène austère que vous quittez. Deux pentes rapides, embarrassées de roches insurmontables, forment des deux côtés les rives d'un large torrent qui prend dans son cours les formes imposées par les bizarres caprices de ces montagnes. Brisées par les nombreux rochers qu'elles rencontrent ou qu'elles entraînent, ses eaux agitées font entendre un murmure sans fin, dont le bruit augmente ou diminue, suivant que le chemin se rapproche ou s'éloigne de ses bords. Quelquefois, blanchissantes d'écume, elles tombent en rapides cascades; d'autres fois, rassemblées en larges nappes, elles tournent avec lenteur, et leur apparente tranquillité couvre des gouffres sans fond, d'où elles s'échappent en murmurant; souvent, comme un ruisseau paisible, elles coulent sous l'ombre épaisse des érables et des ormes qui, joignant leurs branches d'un bord à l'autre, lui font un berceau de verdure ; plus souvent encore elles se divisent entre les blocs qu'elles ont roulés, et tour à tour lentes ou rapides, couvrent le lit de sable qui les contient à peine entre les bords irréguliers du vallon, ou, rongeant la base des rochers qui les resserrent, elles se brisent en innombrables cataractes, avec ce fracas non interrompu qui, joint au murmure des arbres, fait une des plus belles horreurs de la solitude.

Le chemin lui-même n'offre pas moins de variété : sans cesse il monte et descend, pour remonter et redescendre encore. Tracé d'abord sur la rive gauche de la rivière qu'il traverse plus haut, il en suit assez fidèlement les sinuosités. Ordinairement il s'élève de manière à voir le torrent dans une assez grande profondeur ; mais bientôt une cataracte ou deux les mettent de niveau, et forcent le chemin à s'élever encore. Alors il serpente sur le flanc des montagnes, suivant les angles divers de leurs rochers. Appuyé sur ceux qui s'avancent, franchissant les espaces qu'ils laissent sur de larges massifs de maçonnerie, dont les fondations s'élèvent du fond du bassin en arcades destinées à donner passage à de nombreuses et bruyantes cascades, c'est un ouvrage merveilleux pour la hardiesse de la conception, l'habileté de l'exécution, et la persévérance mise pendant plusieurs siècles à combattre tant d'obstacles ; il a dû coûter des sommes immenses. Taillé dans le roc vif ou pavé de ses larges blocs, les eaux de pluie travaillent depuis longtemps à l'entamer : en quelques endroits, elles peuvent passer avec rapidité, entraînant les gravois, décharnant les pavés, qui présentent alors l'aspect d'un escalier à marches rompues et irrégulières ; en d'autres, les eaux stagnent et croupissent sans écoulement, forment des cloaques profonds, des boues épaisses, et rendent le passage difficile et presque impraticable. Sans doute il était entretenu avec plus de soins par ceux qui l'avaient établi avec tant de dépenses; mais abandonné depuis trente ans, ce qui en reste encore prouve la justesse des moyens et la solidité de sa construction. Les eaux que déverse la montagne par d'innombrables ravins ne pourront sans doute pas l'endommager, tant qu'elles trouveront les ponts qui les font disparaître sous nos pas ; mais la rupture d'un seul de ces ponts intercepterait peut-être à jamais cette admirable route. Sa pente générale est douce, et quoiqu'elle tende constamment à s'élever, on n'y voit point, en cette partie, de ces montées rapides si fréquentes en des pays moins difficiles, et sur des routes moins bien combinées. Partout où des murs la soutiennent, un léger talus rassure contre la poussée des terres ; plane-t-elle de trop haut sur le vallon, un parapet de fortes pierres garantit de tous les accidens : tout prouve, en un mot, que les architectes qui l'ont tracée avaient autant d'habileté que de prévoyance, et qu'ils songèrent à la sureté autant qu'à la facilité du voyageur.

Qui pourrait décrire les forêts qui l'accompagnent et leur aspect ravissant, leurs arbres pittoresques, leurs feuillages divers, la molle ondulation, le doux frémissement de leurs têtes, les jeux d'ombre et de lumière que les vents font autour d'eux, l'immense tapis de verdure enveloppant ces montagnes qui de partout, le pied baigné par le torrent, s'élèvent à perte de vue, lançant encore de leurs sommets arrondis d'énormes roches irrégulières, nues, grisâtres, perpendiculaires, bizarrement découpées et ceintes d'un large et noir bandeau de sapins, qui dessine au loin toutes leurs formes et couronne toutes leurs crêtes? Et ces rochers qui les soutiennent; dépouillés par les eaux, les uns se dressent dans le torrent comme une insurmontable barrière; d'autres, disséminés sur l'escarpement des montagnes dont ils déchirent le vêtement, semblent chercher le soleil, et contrastent par la roideur et l'aridité de leurs flancs avec la fraîcheur des bois qui les entourent.

« Ces beautés colossales sont-elles faites pour des êtres supérieurs à l'homme ? Pourquoi sont-elles prodiguées à ces lieux d'un accès difficile, et placées loin de ses regards ? La nature n'a-t-elle orné la solitude que pour la priver d'admirateurs ? L'antiquité en fit autant de sanctuaires ; l'homme y plaça ses dieux par le sentiment de son propre néant. En effet, il est ici le plus faible et le moindre des êtres. Le temps passe inutilement sur ces rochers inaccessibles ; il s'use, et leur masse reste éternelle. Ces arbres qui les couvrent, et dont l'existence est plus rapprochée de la mienne, soumis aux lois générales de la nature, ils vivent et meurent comme moi ; mais exempts des maux qui me tourmentent, ils comptent déjà plusieurs siècles, et la vigueur de la jeunesse les embellit encore : empreints du double signe de la force et de la durée, ils attestent à mon cœur l'Être éternel et tout-puissant dont la majesté se dévoile ici dans la pompe de ses œuvres. Je sens pourquoi la piété aime la solitude; je n'ai fait qu'un pas dans le désert, et la présence de Dieu m'accable... Avançons : quels prodiges me promet ce que je ne connais point encore !

Mais je vois à regret que je n'ai tracé qu'une partie des beautés qui frappent mes regards. Aucune langue n'est sans doute assez riche pour les exprimer toutes. Que le lecteur qui veut les concevoir se transporte par le souvenir ou l'imagination dans les contrées les plus agrestes, sous les ombrages les plus enchanteurs, au sein des plus belles solitudes; qu'il rassemble à son gré les arbres les plus majestueux, les bosquets les plus touffus, les retraites les plus sombres; qu'il y étale la verdure la plus fraîche, les mousses les plus molles; qu'il y prodigue les plantes les plus diverses par leur forme, leur port, leurs couleurs; qu'il y parsème les fleurs les plus agréables; qu'il entremêle tout cela des accidens variés des rochers et des eaux; tous ces prestiges de la fantaisie seront au-dessous de la réalité. Nulle autre part je n'ai vu cette végétation vigoureuse et développée, ce mélange d'arbres superbes dont le pied se cache dans l'abîme et la tête orgueilleuse se perd dans les airs. Leurs troncs pressés dans un étroit espace s'élèvent de concert avec une noble émulation; et si les tronçons de leurs aînés attestent souvent les outrages de la cognée, ils semblent n'avoir obéi qu'à la loi commune qui renouvelle les générations et préside par les mains du temps à la perpétuité successive des familles. Souvent de leurs racines croissent de jeunes rejetons destinés à les remplacer, et qu'ils semblent protéger avec tendresse. Le hêtre surtout, qui y croît en abondance, remarquable par son écorce lisse et blanchâtre, ses branches fourchues, effilées, flexibles et gracieusement inclinées, son feuillage rare et mobile, est toujours prêt à remplir les intervalles laissés par les arbres voisins, renforçant l'ombre dont ils aiment à s'envelopper. La mousse humide et épaisse dont il se revêt pour entretenir sa fraîcheur, et plus que tous ces caractères, son aptitude à se diviser en tiges pittoresques sorties de la même souche et se groupant avec élégance, tout le distingue du sévère sapin qui, par son écorce raboteuse et noire, son tronc droit et souvent dépouillé de branches, sa feuille immobile et tournée vers la terre, contraste merveilleusement avec les autres dominateurs de ces bois.

Si l'œil se porte sur les hauteurs, c'est le sapin seul qu'il y rencontre. Loin de l'atteinte des hommes, ses formes gigantesques prennent avec lenteur leur développement entier. Il est l'unique ornement de ces roches immenses, et lui seul peut être en harmonie avec leurs vastes dimensions. Ses racines cherchent toutes les fentes de la pierre, s'implantent dans les moindres fissures, se cramponnent à ses moindres ressauts ; partout où le plan moins incliné a pu retenir une semence, partout où la couche un peu déclive du rocher présente la moindre surface, un arbre, dix arbres, une forêt a crû, qui, s'élevant de siècle en siècle, semble par cette végétation progressive mesurer les âges du monde. Les aiguilles aigues dont ses branches sont revêtues ne peuvent être agitées par la tempête ; elle mugit en vain autour de lui, il y ajoute ses sifflemens, et le balancement alternatif de ses bras horisontaux semble, dans ces momens, applaudir au concert des aquilons déchaînés.

Véritable enfant de la solitude, cet arbre affecte les sites les plus sauvages et les plus inaccessibles. Sa forme pyramidale favorise cette inclination, en évitant tous les obstacles qui gêneraient la projection de ses branches ; il ne les pousse que du côté où elles peuvent croître, et la nature à cet égard ne commet jamais d'erreur. Emblême du sage, content d'habiter une région supérieure, il ne fuit ni ne cherche ses semblables ; mais il aime à vivre pour lui-même. S'il est seul, il étale ses premières branches à peu de distance du sol, et les multiplie avec profusion jusqu'à son sommet ; s'il a des compagnons, son tronc effilé réserve tous ses ornemens pour sa tête : fier de les surpasser en hauteur, il dédaigne de les humilier par son ombrage.

Placé dans ces lieux difficiles où l'homme n'a point d'accès, cet arbre magnifique serait-il sans utilité ? Non. Ces roches sourcilleuses, ces forêts inabordables ne sont pas sans habitans. L'ours, qui souvent se contente de végétaux, qui se nourrit de racines et de la jeune pousse des sapins, se plait dans ces lieux infréquentés où sa subsistance n'a rien de précaire. Lorsque, brigand nocturne, il ne vient pas désoler les champs d'orge et d'avoine qui ne furent pas ensemencés pour lui, il grimpe avec adresse au sommet d'un sapin, s'assied entre ses branches, et brise avec les dents l'écorce ligneuse qui recouvre son fruit. Cette nourriture qu'il trouve en abondance le fixe sur ces hauteurs, où la température orageuse et fraîche convient à la fourrure dont il est vêtu. Il s'y engraisse sans peine et sans souci, n'étant pas obligé de commettre ses besoins aux hasards de la chasse. A l'approche des frimats, lorsque les neiges s'emparent de son domaine, insensible aux rigueurs de l'hiver, il se blottit au fond de sa caverne, et demeure six mois entiers dans un repos exempt de besoins, repos qu'un sommeil non interrompu fait ressembler à celui de la mort.

Le chamois timide et léger, porté par un instinct irrésistible vers les plus hautes sommités, ne les abandonne en aucune saison. Ses jambes sveltes et infatigables sont toute sa défense : rapide comme le vent dont il est le favori, il échappe au danger en courant sur les précipices : il peut y tomber sans redouter sa chute ; les petites cornes qui s'élèvent sur son front, dures, élastiques et légèrement recourbées, en amortissent l'effet ; il se retrouve sain, où tout autre animal se serait brisé. L'instinct lui apprit, dit-on, à s'en faire une arme redoutable : lorsque suivi par le chasseur, montant de cime en cime, il se voit forcé dans sa dernière retraite, il s'élance sur son ennemi et se jette avec lui dans l'abîme. Cet animal qui, par l'élégance et la finesse de ses formes, ressemble beaucoup à la gazelle des déserts de l'orient, lui ressemble aussi par les mœurs. Innocent comme elle, il broute l'herbe fine des rochers, et, sans aucun moyen pour l'attaque, la fuite le dérobe à ses ennemis. Il ne descend jamais dans la plaine ; il préfère les neiges des hautes montagnes, où il vit en tribus nombreuses que les chasseurs poursuivent au travers des plus grands dangers.

Enfin, l'aigle et la cruelle famille des grands oiseaux de proie établissent leur aire sanglante sur les pointes les plus escarpées de ces monts : de là, l'œil toujours ouvert pour la rapine et le carnage, ces brigands de l'air planent sur les vallons d'alentour : leur aile immobile et silencieuse n'avertit par aucun bruit la faible proie qu'ils surprennent en glissant sur les vents ; leur vue perçante pénètre et distingue à toutes les profondeurs : perdus dans l'immensité des cieux, on s'étonnerait de l'effroi qu'ils inspirent, si on ne les avait vus, plus rapides que la foudre, atteindre de leur serre terrible la victime tremblante qu'ils ont choisie et qui s'efforce en vain de leur échapper. Semblables aux pirates de l'océan, ils s'éloignent peu de leur repaire : souvent on les voit tracer en l'air des cercles immenses, comme pour assigner des bornes à leur domaine, et souvent leur voix aigre et glapissante épouvante l'écho de leurs féroces cris de joie.

L'orme, l'érable, le frêne, le bouleau, se groupent ensemble dans mille sites différens : plus amis des eaux, ils affectionnent les bords de la rivière ; rarement on les trouve dans les régions supérieures où règnent les sapins. Si les uns sont nés pour mesurer la hauteur des monts, les autres sont destinés à dissimuler la profondeur des vallées, et l'ombre qu'ils portent autour d'eux favorise la production d'une infinité d'herbes et de plantes dont rien ne contrarie l'abondante végétation. Le sol est entièrement couvert d'une mousse épaisse qu'aucun pied n'a jamais foulée : c'est un tapis général qui enveloppe également les terres, les pierres, les arbres, les rochers, et qui, né de l'humidité du sol, sert encore à la maintenir. Des plantes variées y trouvent leur subsistance, et se multiplient des graines abondantes qu'elles y versent tous les ans. En général, la végétation de cette vallée est aussi nombreuse qu'opulente : je n'ai vu nulle part les espèces plus développées, leurs formes plus remarquables, leurs dimensions plus grandes. Souvent dans les clairières, le regard est attiré par un énorme tussilage dont les feuilles arrondies ont plus d'un pied de diamètre. De hautes fougères garnissent en touffes les lieux humides et sablonneux; les terrains plus arides se parent des bouquets dorés du genêt; l'armoise, le plantain, l'ortie blanche, y prennent une croissance qu'on ne leur connaît pas ailleurs; le sureau et l'hièble étalent leurs disques d'argent au-dessus de l'airelle rampante qui tapisse les bas-fonds : sur les tapis parfumés du serpolet, l'achante sauvage, le souple vitex à fleurs bleues, la grande pervenche, et une digitale différente de la pourprée si commune sur nos montagnes, se disputent de luxe et d'éclat. Plus loin, l'élégant micocoulier brille de ses grappes de corail, et l'ambitieuse clématite, oubliant qu'elle est née pour ramper, embellit de ses bouquets à fleurs d'oranger les branches infertiles des charmilles, des ronces et autres arbrisseaux étonnés de cette parure étrangère.

Le chêne robuste, ce roi des forêts de l'ancien continent, qui reçut les hommages superstitieux de nos ancêtres, et dont le gland, nourriture fabuleuse des premiers hommes, est si utile aux sauvages habitans des bois; le chêne, emblème de force et de puissance, n'occupe pas ici la place à laquelle il semble destiné; soit qu'il confonde trop son feuillage avec celui des autres grands arbres de ces lieux, soit qu'il habite de préférence une région où je ne suis pas parvenu, il s'est laissé détrôner par le sapin superbe, et il occupe à peine une place parmi ses nombreux sujets. On l'y rencontre plus rarement que le hêtre, assidu courtisan; mais lorsqu'il se montre dans la foule, c'est avec tous ses avantages. Jaloux de la domination, ses bras inflexibles écartent tous ses rivaux; il ne souffre point qu'ils s'élèvent au-dessus de sa tête, et s'il consent à les protéger de son ombre, c'est à condition qu'ils lui demeureront inférieurs.

Je ne m'arrête point au pin résineux, au tendre mélèze, ce frère du fameux cèdre du Liban qu'on devrait ici retrouver avec lui : ces arbres, de la famille du sapin, se confondent pour des yeux peu exercés à les reconnaître, et ils ne sont pas le moindre ornement de ces bois. On conçoit combien un sol abandonné aux productions naturelles, sans cesse engraissé de leurs débris, et que les feux du soleil ne dessèchent jamais, doit leur être favorable. Aussi n'est-il aucune partie de ces vastes montagnes qui en soit totalement dépouillée, pour peu que l'inclinaison du sol puisse retenir quelque parcelle de ce détritus qui constitue partout la terre végétale.

C'est au milieu de ces variétés intéressantes que la route passe en s'élevant progressivement au milieu des bois et sur le flanc de la montagne. La rivière de Guyer la suit à peu de distance, et lorsqu'on n'aperçoit pas les accidens variés de son cours, par des éclaircis le long des ravins, ou à travers les arbres qui la bordent, on entend encore son murmure moins sombre et plus continu que celui du vent qui se joue dans les feuillages. Sur les deux rives, l'escarpement des montagnes devient toujours plus rapide : les forêts qui les couvrent semblent plantées sur le sommet l'une de l'autre, et souvent, en effet, des roches perpendiculaires ne laissent aucun intervalle entre la cime d'un arbre et le pied d'un autre. Ces forêts s'étendent de toutes parts jusqu'à une très-grande élévation, où le roc entièrement dépouillé ne présente plus, dans sa roideur extrême, que des flancs inaccessibles dont les sapins se sont exclusivement emparés. Ils se terminent par des pics innombrables dont les crêtes se confondraient par leur élévation avec l'azur des cieux, si ces arbres, comme une broderie noirâtre, n'en dessinaient les accidens et les contours.

De quelque côté que se porte la vue, elle est effrayée de la majesté du spectacle :

partout des forêts immenses, impraticables, aussi anciennes que le monde; au-dessus d'elles, des montagnes stériles, menaçantes, dont les masses énormes, les flancs escarpés, les angles aigus, vous pressent de toutes parts, vous resserrent dans un labyrinthe inextricable et sans issue. Les roches lointaines vous fascinent souvent des plus singulières illusions; elles se dessinent en colonnades, en avenues, en frontons, en portiques, en mille objets divers, effets fantastiques du clair-obscur, de la disposition des bois, des couches et des veines de la pierre, du plus mince suintement, produit éphémère du hasard. A vos pieds, un torrent sinueux dont le bruissement monotone est la seule voix de cette solitude. Aucun être animé ne paraît y faire son séjour; aucun oiseau ne distrait les yeux par son vol, ne console l'oreille par ses chants. Tout est muet, silencieux et vaste. Quelquefois seulement, un grand papillon de velours noir se repose sur les fleurs qu'il rencontre, et lorsque dans son vol irrégulier il déploie ses ailes doublées de la plus brillante écarlate, il semble un charbon ardent agité dans l'ombre humide de ces bois.

Perdu dans cette immensité, se comparant involontairement avec les formes grandioses de tout ce qui vous entoure, on se cherche en soi-même, on ne se retrouve que par la pensée : on est tenté parfois de se reprocher comme une présomption l'idée de compter l'homme à la tête des œuvres de la création; on oublie qu'il n'occupe cette place que par la faculté concédée à lui seul de s'en reconnaître indigne.

Bientôt un objet plus vulgaire vint nous distraire de ces hautes méditations. Sur le bord de la route, au détour d'un rocher, un fragile tuyau d'écorce d'arbre versait devant nous l'onde la plus vive et la plus fraîche. Quelle main bienfaisante s'est occupée, au milieu du désert, pour l'usage des voyageurs fatigués, de rassembler cette eau rafraîchissante auparavant éparse sur la pelouse ? Quelques pierres soutenaient cet agreste aqueduc, appuyé de l'autre part dans une fente du rocher. Là, une large feuille d'érable facilitait le passage de l'eau, et, réunissant le bois à la pierre, n'en laissait pas échapper une goutte. Cette frêle construction, qui paraissait récente, ne pouvait pas promettre une longue durée : le moindre choc, le moindre vent devait en déranger l'économie. Sa fragilité même, dans ces lieux peu fréquentés, lui donnait un nouveau mérite ; elle était d'ailleurs disposée avec une intention si marquée de bienfaisance et d'utilité, qu'il était impossible de n'en être pas touché. Nous en profitâmes, en remerciant la main inconnue qui nous avait préparé cette jouissance. Ailleurs, nous eussions pensé qu'un enfant y avait employé son innocent loisir ; là, c'était le don bienveillant d'une réflexion plus mûre. Ah ! pour l'honneur de l'humanité, ne nous en rapportons point aux apparences; croyons qu'un voyageur, se reposant dans ce lieu solitaire, a songé aux besoins de ceux qui y viendraient après lui.

A quelques pas de là, le hasard amena devant nous un reptile fort rare dans nos plaines : c'est le lézard noir ou plutôt la salamandre noire; car à sa forme courte et ramassée, à ses pattes écartées, à son ventre rampant, il nous fut facile de le reconnaître. La vue et l'ouïe, si alertes dans le lézard vert, paraissaient chez lui très-obtuses. Il marchait lentement et comme engourdi, et, traversant notre route, il ne fut ni hâté ni détourné par le bruit de notre rencontre : soit imbécillité, soit impuissance, il ne parut ni nous voir, ni nous entendre. Sa peau dure et chagrinée est du plus beau noir : il porte sur les flancs des taches longitudinales de diverses grandeurs, mais correspondantes de chaque côté, et du jaune citron le plus vif. Je regrettai de n'avoir rien pour le conserver. Après l'avoir examiné à loisir, nous le laissâmes continuer sa route, plus contrarié qu'effrayé de l'obstacle que nous y avions mis (1). Les reptiles doivent être en grand nombre sous les hautes herbes et les arbrisseaux de ces forêts : la mousse, l'ombre, la fraîcheur, la solitude, tout favorise leur reproduction : ils doivent y trouver une nourriture convenable, et ne manquent pas de retraites contre leurs ennemis naturels. C'est un nouveau et très-vaste champ ouvert aux recherches des erpétologistes, qui leur réserve peut-être des richesses inconnues jusqu'ici. Dans la rapidité de notre marche, il nous suffit de l'indiquer.

Jusque-là, nous n'avions pas fait une grande attention aux nombreux filets d'eau qui, venant du haut des montagnes par tous les replis des rochers, descendent sous des formes plus ou moins pittoresques.

(1) Voyez la note 1 à la fin du volume.

L'aridité de la saison, le défaut de neige sur les hauteurs, où elle avait disparu de bonne heure, rendaient sans doute leur rencontre plus rare, et diminuaient la beauté de leurs effets. Mais notre bonne fortune avait conservé celle dont nous approchions, et qui doit être incomparablement plus belle en des circonstances plus favorables (1).

Depuis quelque temps, nous marchions au pied de rochers élevés couverts d'arbres majestueux et projetant une ombre épaisse. Le chemin peu rapide nous avait conduits jusque vers la crête la plus avancée de ce versant, et, prêt à tourner brusquement à droite, il nous présentait en face le bord opposé de la rivière éclairé de tous les rayons du soleil. Le mugissement assez rapproché d'une cascade abondante, celui des eaux s'échappant de dessous la chaussée

(1) Ce cours d'eau doit être perpétuel; il est marqué sur la carte de Cassini.

pour rouler avec fracas dans la rivière, avaient déjà captivé notre attention, lorsque, en tournant à droite, nous aperçûmes sous l'ombre la plus fraîche une large cascade, dont la nappe transparente, vingt fois brisée sur les pointes irrégulières des rochers, arrivait couverte d'écume dans le gouffre qui l'engloutissait sous nos pas. Le point de son départ n'était pas élevé : avant sa chute, on la voyait descendre par un ravin d'une pente assez douce quoique scabreuse et semée d'obstacles, au travers des arbres qui penchaient leur feuillage jusque dans son cours. Son lit tout à coup interrompu, elle tombe en courroux sur les rochers qu'elle frappe sans cesse, et dont la plupart, enveloppés de mousses, semblent vouloir se mettre à l'abri de ses coups. Alors, en effet, elle glisse en conservant sa transparence, couvrant à peine d'une glace légère le tapis officieux qui lui sauve l'horreur du précipice. Cette différence était remarquable surtout pour quelques filets d'eau qui, séparés de la masse, coulaient en se jouant sur un tapis de verdure : emblême du sage qui, en s'éloignant de la foule, évite les dangereux écueils où elle vient se briser.

Le plus agréable mélange des arbres de la forêt est réuni pour l'embellissement de cette cascade. L'escarpement dont elle occupe le fond est un demi-cercle irrégulier, formé de blocs diversement inclinés, parsemés d'arbustes, de mousses, de fleurs sauvages, et couronné de grands arbres dont les têtes se touchent, se mêlent, et couvrent ce charmant tableau d'un magnifique dais de verdure. Le chemin passe et se détourne subitement à droite, vous arrachant à ce beau spectacle aussi rapidement qu'il vous l'avait montré : cependant la nature a ménagé en face et sur le bord du chemin un tertre ombragé, d'où, assis commodément, on peut le contempler à l'aise ; c'est là que nous nous plaçâmes quelques instans, pendant que mon crayon en étudiait les intéressans détails. Ils sont dignes du pinceau de nos meilleurs artistes; et les beautés de ces lieux, à la fois sauvages et gracieuses, seraient admirées dans ces temples de la peinture où brillent mille chefs-d'œuvre qui n'ont pas tout l'intérêt qui nous attache ici. Ce joli tableau, parfaitement encadré par les deux tournans de la montagne, est dans une demi-teinte générale qui porte la vue sur le seul objet en mouvement, dont la blancheur contraste avec le fond obscur sur lequel il se détache ; tandis qu'à travers les arbres du premier plan, la vue se porte au loin sur les bois épais de la montagne opposée dont la calme uniformité rend à ce paysage le caractère de solitude universelle qu'on pourrait oublier un instant.

Nous avancions, occupant nos pensées du charmant effet de cette scène dont mon album emportait une légère esquisse, lorsqu'une petite pierre, roulant sur un penchant ombragé de sapins, vint s'arrêter près de nous. En des lieux fréquentés, nous n'y aurions fait aucune attention : dans le silence du désert c'était un événement. En levant les yeux du côté d'où elle venait, nous vîmes à cent pas de nous un gros animal noir ou brun, marchant gravement au pied d'une haute roche, près d'un autre de la même espèce, couché sur une longue pierre, qui paraissait nous regarder. Nous eûmes bientôt reconnu deux ours, seuls personnages importans que nous eussions encore rencontrés. Ils ne paraissaient nullement disposés à nous chercher dispute ; nous étions dans des dispositions non moins pacifiques : aussi, sans plus de réflexions, nous jugeâmes prudent de continuer notre route, et bientôt nous nous perdîmes de vue.

Depuis plusieurs heures, nous marchions assez lentement, nous arrêtant devant plus d'objets que je ne puis en décrire, et dessinant au croquis les plus intéressans. Nous avions toujours suivi la rive méridionale du Guyer. Tout à coup le chemin tourne à gauche; un pont d'une seule arche, jeté hardiment sur deux rochers qui resserrent en cet endroit la rivière, vous transporte sur l'autre rive, et vous promet avec de nouveaux spectacles des jouissances nouvelles.

Arrêtons nous ici un moment.

Ceux qui, montant le Saint-Gothard du côté d'Altorf en Suisse, ont passé sur le pont du Diable, trouveront une ressemblance frappante entre ce site et celui que je décris, qui néanmoins est sur une plus petite échelle. Comme la Reuss, le Guyer coule entre deux hautes montagnes, dans un ravin tournant à gauche et que l'œil ne peut remonter fort loin; il forme plusieurs cascades sur une pente rapide avant et après le passage sur lequel le pont est construit, appuyé sur les rochers qui lui servent de culées. Comme le pont du Diable, le pont Pérat (c'est ainsi qu'on nomme celui-ci) est fort étroit, et n'était pas sans danger, avant qu'on eût rétabli les parapets que la négligence avait laissé détruire pendant la longue absence des Chartreux. Enfin, après l'avoir passé, le chemin s'élève par une pente difficile et raboteuse, comme on le trouve en Suisse pour arriver à la grotte et au village d'Urseren.

Une particularité plus remarquable, c'est qu'au-dessous du pont Pérat, la nature en a fait un autre par un accident des plus singuliers. C'est une roche longue et étroite qui, tombée de la montagne voisine, s'est mise en travers sur la rivière dont elle embrasse le cours. On pourrait presque y passer, si ses abords étaient plus faciles. Elle est couverte d'une mousse épaisse, et sur son dos arrondi s'élèvent plusieurs sapins très-vigoureux dont la grosseur annonce une existence de plusieurs siècles. Le Guyer s'engouffre sous cette roche dans un abîme où l'eau est tourmentée avec une effrayante rapidité.

J'eus la curiosité de voir de près et de dessiner cet étrange accident : je descendis dans le fond du vallon, précédé et soutenu par mon jeune fils, sur une pente escarpée, couverte d'un humus profond, d'une glaise mouvante, et d'une mousse épaisse où le pied glisse, s'enfonce, et ne trouve d'appui que dans quelques racines pourries. Mais placé avec précaution sur le bord dangereux de la rivière, je fus bien dédommagé par le beau paysage qui me fut offert. Au travers des arbres de toute espèce dont la tête me cachait la cime des montagnes, la vue s'étendait en montant sur un vallon parsemé de rochers et couronné de bois : immédiatement à ma droite et sur le premier plan, une cascade abondante coulait sur les feuillets inclinés d'une roche transversale, et tombait de degrés en degrés par une chute oblique et irrégulière : au milieu du tableau, le pont Pérat, appuyé sur deux roches élevées, se dessine avec élégance, et le chemin qui y mène des deux côtés anime convenablement cette scène. Devant moi, cette autre roche jetée peut-être des plus hautes sommités par une cause à jamais inconnue, dans quelqu'une de ces convulsions dont le globe entier porte tant de traces si manifestes, et qui précédèrent sans doute la naissance des siècles, la première minute des temps. Il semble que le torrent tumultueux fut alors si épouvanté de cette chute, qu'il se creusa un abîme dans les entrailles de ces monts où il se précipite encore avec un effroi qui en inspire au spectateur. Cette pierre qu'aucune force humaine ne saurait mouvoir, embrassant dans sa longueur les deux rives du torrent, reposant ses extrémités sur ses bords, est destinée sans doute à les réunir pendant toute la durée du monde : sa croupe informe, irrégulière, inclinée d'après la différence des bords, dont l'un, taillé à pic et fort élevé, domine l'autre avec un orgueil que justifient à peine les arbres superbes qui le couvrent; cette végétation, aujourd'hui si magnifique, qui s'est formée avec tant de lenteur sur le dos dépouillé de cette roche, et que toutes les probabilités nous annoncent avoir commencé par la semence invisible de quelques lichens apportée par les vents, dont la cendre, après mille générations successives, reçut celle de quelques mousses, qui formant après plusieurs siècles une couche de terre assez épaisse, vit naître les sapins qui y croissent aujourd'hui, et qui, peut-être comptant cinquante lustres, paraissent dans la vigueur de l'âge. Ce torrent enfin, heurtant sans succès contre le flanc de cette roche, s'engloutissant au-dessous d'elle, tourbillonnant dans un vaste entonnoir, et que le gouffre vomit de l'autre côté avec un fracas, un tumulte, une tourmente épouvantable; tel est le tableau imposant et terrible qui me fut offert en cet endroit. Que le lecteur, ami des arts et familiarisé avec leurs belles productions, juge des effets qui doivent résulter de cette singulière réunion de circonstances; il est certes difficile de rien imaginer de plus beau.

Après ce pont, qui est au milieu du désert et presque à égale distance entre le village de Saint-Laurent et la Grande-Chartreuse, la scène change et prend un tout autre caractère. Ce ne sont plus des chemins faciles, taillés sur le pied légèrement incliné des montagnes, ombragés par d'immenses forêts, rafraîchis par de nombreuses cascades, égayés par une continuelle verdure, et conduisant agréablement le voyageur jusqu'au centre du vallon : il ne trouvera presque plus qu'une montée roide et pénible, décharnée par les pluies, tracée sur le roc le plus intraitable, exposée aux rayons brûlans du midi, rendu plus ardent par la reverbération d'une roche nue, droite, dépouillée, où le chemin, suspendu sur des précipices, serpente pour chercher une issue. Là, la végétation est pauvre, triste, rare; on voit que les sucs nutritifs lui manquent; on sent qu'elle languit faute d'alimens. Le rocher trop escarpé ne conserve point de terre; sa masse compacte ne fournit pas une source, n'admet pas une goutte d'eau : celle que les brouillards ou les pluies lui fournissent s'écoule sans utilité, humectant à peine l'imperceptible lichen de ses faces perpendiculaires. Là, plus de hêtres, plus d'érables, plus de sapins ; quelques broussailles dégénérées entourent à peine son pied : les robustes enfans des forêts y envoient à regret leurs semences ; elles avortent ou ne jettent que de faibles pousses qu'une triste consomption dévore, et dont la vie languissante dure à peine quelques années. Leur tronc desséché ne s'élève point avec noblesse ; leur tête ignore les ornemens d'une verte couronne, et leurs bras languissans pendent sans force vers les racines, comme pour y chercher les sucs nutritifs que le sol amaigri leur refuse. On n'y voit plus ni l'armoise, ni la fougère, ni la prêle chevelue, ni la mousse, qui se plaisent dans les lieux humides et sur le bord des eaux : le sureau, qui ne craint point la sécheresse, est le seul des arbrisseaux à fleurs qui y étale parfois ses ombelles.

C'est au milieu de cette aridité qu'on gravit quelque temps autour de cette roche immense, dont l'œil trop rapproché ne peut mesurer ni la hauteur ni l'étendue. C'est un mur d'aplomb, d'une élévation prodigieuse et d'une seule pierre ; elle n'est point formée de lits, de couches diverses ; elle offre à peine un repli, une fissure : c'est une pierre unique, un caillou récemment cassé, sur lequel le temps n'a eu encore aucun effet, et qui n'admet sur ses immenses parois aucune trace de végétation. Quelques broussailles rabougries sont éparses en petits bouquets sur des pointes inaccessibles ; en quelques endroits, la ronce inutile laisse pendre ses filons épineux : tout le reste est sec, stérile et dur, incessamment brûlé par les rayons d'un soleil ardent, qui s'y reflètent sans obstacle, et font de cet endroit la zone torride du désert.

A cet aspect inattendu et si différent des lieux que l'on vient de parcourir, une sensation pénible succède aux impressions agréables qu'on a éprouvées jusque-là. On y trouve cependant ce trait de ressemblance, qu'en son genre ce spectacle est aussi grandiose qu'aucun des précédens. Les dimensions de ce qui vous entoure sont toujours immenses; on est toujours perdu dans l'infini; et ici les caractères étant sévères, il en résulte un sentiment d'effroi qui n'étant point, comme à l'entrée du désert, mitigé par l'admiration, pèse sur vous de tout son poids. Cependant nous nous arrêtâmes plusieurs fois en côtoyant cette roche énorme, et nos regards la parcouraient avec étonnement. Nous n'espérions point en découvrir les limites, mais nous cherchions à nous expliquer sa formation, et le système des dépôts lents et successifs nous paraissait en défaut. Dans cette hypothèse, en effet, cette roche doit être le résultat d'un grand nombre de siècles; mais se peut-il que dans ce long intervalle aucun accident n'ait troublé cette étonnante opération? aucune matière étrangère ne s'est-elle mêlée à sa pâte homogène? aucun sable, aucun gravier n'y distingue des couches rivales ; aucune tempête, aucun courant n'a dérangé, n'a interrompu le long travail de la nature. Il semble qu'un calme de mille siècles en a favorisé l'économie, et que les convulsions souterraines qui ont bouleversé les environs, et dont les traces sont si effrayantes sur les bords de l'Isère, ont été là sans influence. Quelle puissance sans bornes en aurait arrêté l'effet! Tout cela est si étonnant, qu'on doute presque de ce qu'on voit, et qu'il faut renoncer à s'en rendre compte.

A mi-hauteur de ce rocher, quoique bien loin au-dessus de nos têtes, devant une longue ouverture qui n'est qu'une gouttière ménagée par les eaux de pluie, un faucon, reconnaissable à sa queue fourchue, tyran subalterne de l'air, planait sur l'abîme que nous voyions près de nous s'approfondir à chaque pas : en vain son œil perçant en sonde la profondeur; que cherche-t-il dans cette solitude? le ciel est aussi dépeuplé que la terre. Découvre-t-il à travers le feuillage quelque reptile obscur que le mouvement seul distingue de la pierre sous laquelle il se cache, et dont il a la couleur? ou, sortant du trou solitaire qu'il choisit pour demeure, va-t-il, loin de ce triste palais, chasser une proie qui passe sans défiance à portée de ses rapides ailes?

Nous étions fort élevés, mais le torrent dont nous entendions mugir les cascades se trouvait là presque aussi haut que nous; nous le voyions de près, à notre droite, s'élancer d'une crête creusée en énorme croissant. Son cours était embarrassé de troncs d'arbres, larcin qu'il avait fait sans doute aux bûcherons qui travaillaient plus haut : penchés irrégulièrement au travers de ses eaux dont ils encombraient le cours, ils en augmentaient le courroux sans en retarder la chute, et donnaient à cette scène sauvage un caractère de désordre et de dévastation qui ajoutait à son horreur.

Au-dessus de la cascade, le torrent n'était plus qu'un ruisseau paisible, très-large, mais peu profond, s'écartant à loisir dans un vaste bassin qui laissait de notre côté une plage arrondie, où la cognée avait depuis peu élagué la forêt et admis les rayons du soleil. Séduits par l'aménité de ce lieu, à quelques pas au-dessous du chemin, nous résolûmes d'y prendre du repos. Il était trois heures après midi, et la longueur des jours, en cette saison, permettait de passer ainsi quelques instans. Descendus dans le bocage, et gaîment assis sur la pelouse, chacun tirant de son bissac ce qu'il avait ménagé pour cette occasion, nous fîmes, au bord du torrent et sous un ombrage superbe, un repas assaisonné par la fatigue et l'appétit.

Lorsqu'il fut terminé, on proposa d'y faire un léger sommeil. Nous étions en route depuis douze heures : cet avis fut unanimement adopté. Il ne devait pas nous rester plus d'une lieue à faire ; nous avions donc du temps de reste ; comment l'employer plus utilement qu'à renouveler nos forces ? En raisonnant ainsi, chacun de nos compagnons avait jeté son sac à la place qu'il avait choisie, et, s'en faisant un oreiller, m'invitait à les imiter. J'étais fortement tenté de suivre cet exemple : mes jambes étaient lasses, ma tête fatiguée, tout mon corps échauffé ; j'avais grand besoin de repos, il m'aurait fait beaucoup de bien. Mais l'intervalle qui nous restait à parcourir pouvait m'offrir des points de vue intéressans, que je n'aurais peut-être pas le temps d'examiner et d'esquisser sur mon album : il vaut mieux avoir une heure de reste et me reposer en dessinant. Je repris donc mon fardeau et quittai ces messieurs, en leur promettant de les attendre à la Croix-Verte, poste qu'on nous avait désigné à Saint-Laurent comme peu éloigné de la Grande-Chartreuse.

J'eus bientôt regagné le chemin, et je fus étonné de m'y trouver seul. Cette sensation bizarre, que je n'aurais osé prévoir, était-elle l'effet de la préoccupation ou celui de l'isolement dans une solitude muette et profonde, où chaque objet me causait une émotion nouvelle que je ne pouvais plus affaiblir en la partageant ? Je gravissais avec lenteur par un chemin très-difficile, et j'étais moins occupé des objets nouveaux qui s'offraient de partout à mes regards. Ma principale attention se portait sur moi-même ; non par une pensée fixe et déterminée, attachée à quelque objet particulier, mais par une distraction vague, sans motif apparent, sans objet précis, en un mot, fortement préoccupé et ne songeant à rien. J'aurais passé de cette sorte une journée entière sans m'en apercevoir ; la marche du temps m'était devenue insensible ; chacun de mes pas en mesurait une seconde, et je n'y pensais pas : j'avançais, mais le soleil me paraissait stationnaire ; il me semblait que le jour ne devait plus finir.

Cependant le chemin devenu plus étroit était aussi plus escarpé. Le mur qui le soutient s'était changé en une longue suite d'arcades qui partaient de rocher en rocher, et le vallon où coulait la rivière s'approfondissait toujours davantage. Bientôt il y eut moins de distance entre les deux montagnes, et leurs flancs devenus verticaux se rapprochaient sensiblement : celle où je marchais offrait moins de nudité ; les arbres de sa cime penchaient sur le chemin comme pour l'ombrager ; mais leurs touffes ondoyantes et le roc brisé qui leur sert de soutien, dorés par les rayons du soleil, se détachaient vivement sur la montagne opposée qui semblait l'envelopper et lui servait de fond, étant elle-même fort escarpée et tout entière dans l'ombre.

Tout à coup, entre les deux montagnes, dans l'endroit le plus resserré, part du fond du vallon, à une grande profondeur, un long obélisque qui, par la roideur de sa coupe et la hardiesse de son élancement, semble plutôt un ouvrage de l'art qu'un jeu de la nature. Quelques sapins se sont emparés de sa cime, d'autres croissent autour de lui, et quoique doués de proportions gigantesques, ils ombragent à peine la moindre partie de ses flancs. Quelques-uns sont plus voisins de la route, mais leur pied se cache dans l'abîme sur lequel elle est bâtie : on plane sur tous les autres qui, mêlés à des hêtres, s'enfoncent rapidement dans le vallon, dont l'obscurité redouble au contraste de leur feuillage brillant des feux du soleil. Ces arbres, alors importuns, m'empêchèrent d'abord de juger de la hauteur totale de l'obélisque. Il sortait du milieu d'eux comme un géant superbe que leurs proportions auraient à peine mesuré : ses fondemens se perdaient dans l'abîme, et le contour que fait la rivière en lui baignant le pied indique assez qu'il faut aller jusque-là pour découvrir sa base, et qu'appuyé sur deux montagnes, il confond ses racines avec les leurs. Si, d'un côté, le torrent dont on n'entend que le murmure serpente dans un lit étroit, creusé à une grande profondeur; de l'autre, le chemin, qui toujours s'élève, devient encore plus rapide pour arriver à peu près à la moitié de la hauteur de l'obélisque, où, se détachant de la montagne la plus voisine, il laisse au voyageur un étroit passage barré par un mur qui aujourd'hui menace ruine.

Cette masure adossée à l'obélisque nous fut désignée à la Grande-Chartreuse sous le nom de *Fort-l'OEillet* : on y retrouve les vestiges d'un petit logement sans toit, sans voûtes; le temps en a consumé les bois et ronge sans cesse les murailles. C'est le seul endroit du désert qui rappelle l'habitation de l'homme ; mais il est délaissé, il n'y a personne. Je passai en soupirant sous l'arceau de cette porte, et j'allai m'asseoir à quelques pas sur le parapet de la route, dans l'endroit où je crus pouvoir juger de cette partie de l'obélisque et le dessiner.

Je le reconnus alors pour avoir fourni le sujet d'un des tableaux de la galerie du Luxembourg. Le peintre, gêné par les mêmes obstacles, l'a pris à peu près du même point de vue que moi : il ne représente donc qu'une partie de sa hauteur; le reste disparaît dans le précipice que tout son talent ne pouvait exprimer que par l'abaissement rapide des cimes de ces grands arbres qui revêtent le rocher. Ce précipice est indiqué dans la nature par le mugissement lointain de la rivière qui en baigne le fond au-dessous du point de vue. Autant que j'ai pu me rappeler le tableau en le comparant à la nature, l'artiste a fait ces objets dans une proportion peu conforme à celles du site naturel : il n'a pas assez rendu l'âpre dureté de ses contours, de ses arêtes, de ses ressauts, le sauvage mélange des arbres qui l'accompagnent; il a trop écarté les lignes presque verticales des montagnes qui l'entourent, et dont l'éloignement n'est sensible que par l'interposition de l'air; enfin il a restauré la masure dont il a fait une chapelle, pour avoir occasion, sans doute, d'y placer quelques religieux qui, servant d'échelle au tableau, contribuent à donner de l'ensemble une idée bien inférieure à la réalité.

Je dessinai ce phénomène avec un intérêt d'admiration dont il est difficile de se défendre au premier coup d'œil, et qui augmente encore lorsqu'on en étudie les détails. Sa masse est sans doute peu considérable comparée à celle des montagnes qui l'entourent ; mais sa forme a quelque chose de si inattendu, elle est si extraordinaire, elle fait un contraste si frappant avec les autres roches du désert, la lumière qui la colore lui donne des teintes si chaudes, si brillantes, la détache si vivement des masses ombrées qui l'enveloppent, en lui laissant pour fond quelques sommités lointaines qu'elle surpasse de beaucoup, et l'immensité des cieux qu'elle semble toucher de sa tête aride et sauvage ; tout justifie la stupéfaction où vous jette cet étonnant jeu de la nature, à un point que ne sauraient jamais produire les plus beaux ouvrages de l'art ; car on sent ici cette différence bien remarquable entre les productions de l'art et celles de la nature. quelle que soit d'ailleurs la hardiesse ou la fidélité de l'imitation, que les unes portent toujours l'empreinte de l'effort et du travail, et qu'on y découvre malgré soi des principes de destruction ; les autres, au contraire, ont, dans leur rudesse, une sorte de fierté, d'abandon, d'insouciance, qui donne la confiance de leur durée, et laisse sans inquiétude sur leur avenir.

Mais le point de vue où je m'arrête n'est peut-être pas le plus beau ; il n'est pas au moins le plus développé. Retournons en arrière : le premier endroit d'où cet admirable rocher a frappé tout à coup mes regards doit me l'offrir sous un aspect plus intéressant. En me plaçant plus près de sa base, je la découvrirai peut-être, et je jouirai mieux de la scène imposante dont il est un si bel ornement. Je reviens sur mes pas avec empressement; mes regards mesurent de nouveau l'abîme qui est à mes pieds et la roche superbe qui s'en détache en s'élevant si haut au-dessus de ma tête; et cette forêt qui, semblable à la modeste draperie de l'antique Junon d'Arles, entoure sa ceinture et la voile jusqu'aux pieds; et cette ruine qui fut sans doute une chapelle, et que son caractère de sainteté, aujourd'hui si complètement effacé, n'a pu lui-même sauver de la destruction; et cette chaussée hardie, chef-d'œuvre de patience, de courage et génie, qui, s'élevant pour s'appuyer sur elle, parvient, par un dernier effort, jusqu'à atteindre vers la moitié de ses flancs. Enfin j'ai trouvé le point d'où je puis la dessiner tout entière : c'est celui d'où, en montant, on l'aperçoit tout à coup. Les bases des deux montagnes opposées se touchent; elles servent de lit commun au torrent qui les sépare, et dont les eaux rapides et bourbeuses se détachent par leur couleur du fond obscur où elles coulent. D'un côté, la roche noirâtre s'élève comme un mur immense et d'aplomb : chacune de ses masses chargée d'une forêt recule par le pied, et se projette en avant dans toute sa hauteur, de manière à suspendre sur l'abîme les arbres qui la couronnent ; de l'autre, elle s'écarte par une pente scabreuse parsemée de roches irrégulières et de touffes d'arbres, descendant jusqu'au bord du torrent comme pour orner le pied de l'obélisque qui y plonge et le détourne. Cette vallée étroite et profonde, occupée par des eaux rapides, et où le soleil ne peut jamais pénétrer, est toujours humide et sombre : l'œil ne la sonde pas sans effroi.

J'ai dit que le chemin soutenu sur de hautes arcades arrive auprès de l'obélisque à la ruine qui barre le chemin. Cette construction, qui n'a aucun caractère d'antiquité, fut-elle placée là pour la défense ?

Les difficultés d'un site inexpugnable et la double porte qui protége le passage sembleraient prouver qu'elle eut cette destination. Mais quels ennemis fallut-il arrêter? seraient-ils arrivés jusque-là sans obstacles? et ces pieux solitaires en ont-ils connu avant la tempête qui les confondit dans la destruction de tout ce qui était bon, utile et respectable? C'est ce que nous éclaircirons peut-être (1). Quoi qu'il en soit, le

(1) Nous apprîmes à la Grande-Chartreuse que le Fort-l'Œillet avait été bâti contre les irruptions de Mandrin, fameux contrebandier, qui, vers le milieu du siècle dernier, infestait en effet ces parages. Le désert touchant à la frontière de Savoie, la douane avait intérêt à fermer ce passage aux bandes de cet homme entreprenant. Cette construction ne paraît pas remonter plus loin, et n'est remarquable que par son site. Mais, sans doute, les Chartreux n'y eurent aucune part. Qu'avaient-ils à craindre de gens qui ne cherchaient qu'à frauder les droits de la régie? Long-temps auparavant, en 1592, ils furent menacés du pillage par les protestans qui y montèrent par le Sapey et qui brûlèrent la Courrerie, favorisés par les troubles de cette malheureuse époque.

poste est parfaitement choisi ; et sans faire aucune coupure qui rendrait toute tentative impraticable, dix braves, avec des vivres et des munitions, pourraient y défier une armée entière. Mais cette porte en ruines, ces voûtes écroulées, cette masure enfin inutile et abandonnée, voilà donc ce qui reste d'une forteresse construite il y a peu d'années !..... Qui rétablirait aujourd'hui ce passage important que des accidens journaliers concourent à détruire ? Hier encore, pendant un orage, deux rochers y sont tombés du haut de la montagne ; l'un, trop faible pour entamer le chemin, y est resté pour l'encombrer ; l'autre a renversé sur son passage une des plus belles pierres du parapet, et s'est englouti dans le précipice. Il y a disparu sans retour, laissant sur son passage des traces de ses bonds et de ses chutes dans les débris de la forêt dont un arbre renversé menace le chemin ; tandis que la pierre dépossédée gît au-dessous de la place qu'une main officieuse pour le voyageur lui avait assignée. Qui désormais viendra la relever? qui s'occupera d'y amener à grands frais les machines et les forces nécessaires? Ceux qui l'avaient placée en traçant cette route ont seuls intérêt à sa conservation : elle peut périr de cette plaie incurable, et ils ne peuvent la réparer!

Après avoir franchi ce défilé où le caractère de cette solitude se montre dans ses plus sublimes horreurs, retenu malgré moi par quelque chose d'inexprimable, je voulus jouir encore de cette admirable scène : je ne pouvais me résoudre à perdre de vue cet étrange ouvrage de la nature, qu'elle a placé en se jouant au milieu d'un abîme inaccessible de toutes parts, ignoré de toutes les générations avant les travaux récens des Chartreux pour se frayer une route vers les confins de leur solitude. Les flancs nus et perpendiculaires des montagnes environnantes, leurs sommets embarrassés d'inextricables forêts, leurs lignes immenses qui se perdent ensemble dans un gouffre sans fond, d'où sort à peine le mugissement sombre et monotone du torrent, la teinte vague et vaporeuse de ce magnifique tableau, l'âpre dureté de ses détails, la majesté sévère de son ensemble, tant d'objets imposans et qui semblent réunis pour un but que je ne comprends pas, quels sujets de méditation ! mes sens en sont étonnés, ma pensée en est confondue. Concentré en moi-même, je ne m'aperçois plus de mon isolement. L'homme ici n'occupe plus de place. Au milieu d'une foule nombreuse je ne verrais que ces objets sublimes ; je n'existerais que pour eux. Non, ces lieux n'ont pas besoin d'habitans ; l'inquiétude de l'homme les aurait bientôt dénaturés, et l'image du Créateur que j'y vois si clairement empreinte disparaîtrait devant les convenances mesquines d'êtres corrompus et dégradés.

Absorbé dans ces réflexions, je dessinais assis sur une pierre basse et grossièrement taillée, formant le parapet d'une route étroite qui domine un précipice où l'obscurité, rendue plus épaisse par l'éloignement, devançait la fin du jour. Deux papillons dorés folâtraient sur l'abîme : c'étaient les seuls êtres animés placés auprès de moi ; tout le reste était insensible et muet. Aucun oiseau n'avait placé son nid dans cette solitude ; son chant ne réjouissait pas les échos, le mouvement rapide de ses ailes ne frémissait point dans les buissons, et la cime touffue de ces arbres divers ne servait point de retraite à ses plaisirs, de théâtre à ses jeux. Ce manque absolu d'oiseaux en des lieux qui devraient les receler en grand nombre, où ils se plaisent ordinairement, et où leur instinct leur apprend à se cacher, est un fait singulièrement remarquable et dont on est frappé dès l'entrée du désert. Quelle peut en être la cause ? ils n'y sont point troublés par la présence de l'homme ; ils n'ont rien à craindre de ses embûches : chaque touffe de cette immense forêt leur fournit un asile impénétrable à ses pas ; ils sont exposés à bien plus de dangers dans les plaines qu'ils habitent. Ce n'est donc pas l'homme qui les a forcés de fuir ces lieux qui leur semblent si spécialement destinés. Serait-ce le défaut de nourriture? on ne le conçoit pas dans cette abondante variété de végétaux qui, peut-être plus qu'ailleurs, à l'abri des accidens et de la déprédation, produisent en liberté leurs fruits, leurs graines et jusqu'à leurs insectes. Quoiqu'il en soit, le fait est constant. Le voyageur surpris ne peut s'en rendre compte. Quelques oiseaux de proie, planant à une grande élévation, se montrent rarement à ses regards, et semblent redouter eux-mêmes une demeure dont partout ailleurs ils seraient le fléau : ils traversent l'espace avec rapidité, comme pour s'assurer qu'il est toujours inhabité ; et au milieu de cette dépopulation générale de l'air, la rencontre fortuite d'un papillon devient un événement.

En reprenant ma route, je fus frappé d'une autre scène moins grandiose, mais plus grâcieuse et non moins intéressante. Au premier détour, un petit rocher, émule modeste de l'obélisque que nous venons d'admirer, s'élève comme lui sur le bord du chemin; mais il est de facile accès; l'escarpement en a été fait pour faciliter le passage. De jeunes arbres l'entourent du côté du précipice, et une croix de bois simple et sans ornemens, plantée sur son sommet, rappelle vos pensées vers le but religieux où vous tendez. Déjà les montagnes se sont écartées; l'horison est plus découvert, et cette croix se détache sur l'azur des cieux, fond le plus convenable à ce grâcieux tableau. J'étais encore ému de la scène précédente; je fus agréablement flatté de celle-ci : je reconnus la destination pieuse de cette route à ce caractère d'un lieu consacré à la prière et habité par des solitaires. Quelques croix sculptées sur la pierre des parapets que j'avais de temps en temps rencontrées jusque-là, avaient peut-être quelque chose de monumental qui tient encore à l'orgueilleuse faiblesse de l'homme : celle-ci, par sa simplicité même, faisait plus d'impression sur mon cœur. C'est ainsi que des anachorètes séparés du monde qui disparaît à leurs yeux, livrés à la contemplation et à la prière, doivent élever sans art ce signe vénérable, soutien de leur généreuse résolution. Jadis la Thébaïde devait être parsemée de monumens semblables. Il est ici dans toutes les convenances du lieu, et dans une harmonie parfaite avec le désert. S'il m'était permis de faire un mot nouveau pour une sensation nouvelle, je dirais que dans le désert même je n'ai rien vu de plus *érémital*. En dessinant ce site gracieux, je n'ai pu me défendre d'y placer un Chartreux en prière, et c'est un tableau charmant. Les eaux qui découlent de ces roches, rassemblées par une rigole, gazouillent dans cet endroit et lui donnent un nouvel intérêt.

Ces scènes variées m'occupaient avec délices ; chaque pas m'offrait un objet nouveau. L'horison changeait sans cesse avec le point de vue, et je voyais, en avançant, les montagnes, les bois, les vallons, prendre sensiblement de nouvelles formes, et me conduire par des transitions harmonieusement ménagées aux sites les plus disparates. Que ne puis-je lier mes descriptions comme leurs sujets le sont dans la nature ! Obligé de m'arrêter aux traits les plus saillans, je néglige forcément ces nuances intermédiaires que les yeux seuls peuvent saisir et que le langage ne saurait exprimer. C'est une galerie de tableaux, où chacun, renfermé dans son cadre, n'a pas avec le suivant de liaison commune et nécessaire. Si donc je passe sur beaucoup de détails impossibles à décrire, n'oublions pas que la nature, inépuisable dans ses richesses, les prodigue ici dans toute leur magnificence; mais ma faiblesse en redoute le nombre; j'en jouis, et ne les cherche pas.

Cependant la route les multiplie autour de moi. La roche que je côtoie depuis le pont Pérat reprend ici le caractère qu'elle m'offrit d'abord : ses larges parois perpendiculaires reparaissent encore avec leur effrayante stérilité ; mais le chemin combat ses escarpemens ; il s'établit sur ses flancs ; de nombreux déchiremens annoncent ses empiétemens successifs et la persistance de ses efforts. La forêt, à son tour, la cerne, la domine, et lui dispute le terrain : quelquefois ses bosquets ombragent le chemin qui les traverse ; elle descend sur le bord du torrent, et garnit entièrement l'autre rive jusqu'aux plus hautes sommités; quelquefois encore ses rejetons descendent jusqu'aux escarpemens faits par les explosions de la mine, et l'on s'étonne de voir ces arbres superbes dont les racines mises à découvert avaient pénétré dans la pierre, y puiser les sucs nourriciers que fourniraient à peine les plus fertiles terres. Enfin, comme impatientée de se traîner avec difficulté à travers tant d'obstacles, la route, parvenue sur le bord élevé d'un précipice, se replie tout à coup sur elle-même, et par un zig-zag inattendu vous porte rapidement à la hauteur qu'elle veut atteindre.

C'est alors que se développe la plus belle cascade du désert. Elle tombe à grand bruit à côté du chemin, d'où l'œil la suit jusqu'au fond de la vallée, en s'échappant de dessous un pont ménagé dans la partie supérieure de la route. Ses eaux abondantes, ramassées ou étendues sur les roches qui les reçoivent, se développent en nappes dont les formes diverses changent à chaque instant, au travers des flots d'écume qui bouillonnent de toutes parts. On les voit à ses pieds s'abîmer dans le précipice, se perdre de gouffre en gouffre, tourbillonner avec fracas, et résister en vain à de nouvelles chutes ; elles croulent sans cesse avec effroi sous l'accumulation des eaux supérieures, qui les pressent, les poussent, les chassent, et les font disparaître sans retour, comme les générations humaines qui se succèdent, se remplacent sans fin, au milieu des malheurs, des désordres, des fléaux de toute espèce dont l'existence est agitée, luttant en vain contre un destin inévitable, toujours dévorées par la tombe que rien ne saurait assouvir. Mais ces eaux viennent de plus loin : leur source est cachée sur des sommets que l'œil peut à peine atteindre. On les voit d'ici s'élancer à mi-côte, par une étroite embrasure, tomber d'une hauteur immense sur des pointes qui les divisent et les font pleuvoir sur les arbres environnans en longs filets, en gouttes épaisses, brillantées des feux du soleil. Cette pluie réjaillirait sur la route, on en serait inondé, si la projection de la cascade n'était pas oblique et ne la présentait de profil. Elle est reçue tout entière au pied de cette roche dans un bassin étroit et profond, d'où fuyant sur une pente parsemée d'arbres et de rochers, elle roule en tumulte à travers ces obstacles, et se réunit sous vos pieds pour tomber en masse dans le précipice.

Tandis que cette orgueilleuse cascade, dont les abords ne seraient pas sans dangers, se perd inutilement au milieu d'un vain fracas, assis vers le tournant de la route, j'avais en face une petite fontaine, dont le bassin creusé dans un tronc d'arbre offrait un abreuvoir commode pour les chevaux des voyageurs. Placée à côté de ce torrent inabordable et superbe, rien n'est grâcieux comme l'aspect de cette source modeste. Le soin qu'on a pris de la conduire sur le bord du chemin, le réservoir simple et sans art qui la recueille, annoncent l'hospitalité prévoyante qui vous attend en ces lieux. Après plusieurs heures d'une marche si difficile, une repos si agréablement placé pour ranimer votre espérance, soutenir votre courage et renouveler vos forces, est une de ces conceptions que la charité seule inspire, et où l'on aime à reconnaître l'esprit évangélique des religieux enfans de saint Bruno. Qu'on ne pense pas qu'ils aient pu avoir là quelque intérêt particulier : ce lieu éloigné de toute habitation n'est évidemment disposé que pour la commodité des voyageurs; c'est presque le seul où ils puissent rafraîchir leurs montures; car toujours éloignés du torrent sur le chemin qu'ils parcourent, les filets d'eau que les pluies y font naître ne leur offriraient qu'un secours incertain et précaire, et il serait périlleux de faire approcher d'une cascade turbulente l'ombrageux coursier qui n'y est pas accoutumé. Celle qu'on voit en cet endroit et dont l'effet est si pittoresque, coule sur un penchant inaccessible, qu'on peut regarder d'assez près sans pouvoir toucher à ses eaux. Je dois donc rendre grâce à la bienveillance qui me permet ici de me désaltérer : certes j'aurais cru commettre une ingratitude en refusant un secours si généreusement présenté, et, dédaignant la cascade et ses difficultés, j'allai puiser à la fontaine moins avare de ses dons. Ce contraste semblable à ce qu'on voit trop souvent dans le monde, où le mérite modeste se cache pour faire un peu de bien, malgré tant de méchans dont le sot orgueil se repait d'un fracas inutile, me jeta bientôt dans une réflexion profonde. Je faisais mille applications, et j'éprouvais de vives alternatives d'indignation et de pitié. Peut-être ce moment n'a pas été pour moi sans importance, et ma philosophie n'y a rien perdu.

Arrivé sur la hauteur, la partie supérieure de la cascade me parut peu accrue par le rapprochement : elle était à peu près telle que je la voyais d'en bas, et je n'apercevais sa cataracte que du pied des forêts qui cachent sa source. Quelles contrées arrose-t-elle avant de s'élancer du rocher? d'où viennent les eaux qui la forment? doivent-elles l'existence à des glaces éternelles, à des neiges sans fin que chaque brouillard renouvelle?..... Que de questions ne ferait-on pas sur chaque accident de ce beau désert! il n'est presque tout entier qu'un grand mystère que l'homme n'a pas encore pénétré, et dont quelques parties lui sont peut-être fermées pour toujours.

Non loin de là, paraissent les marques les plus récentes des efforts répétés pendant trois siècles pour établir et améliorer cette route, aujourd'hui si négligée et peut-être si proche de sa ruine. A plus de vingt pieds de haut, le rocher avait été coupé pour adoucir la pente encore fort roide de la route, et les explosions de la poudre se reconnaissent encore aux traces de la tarrière. On a dû y travailler long-temps, à en juger par l'épaisseur et la dureté du rocher sur lequel est gravé, avec le symbole ordinaire du globe surmonté de la croix, le millésime de 1781 (1).

(1) Pierre le Roux, supérieur général des Chartreux, fit commencer cette route en 1495. Quant au globe surmonté de la croix qu'on rencontre si fréquemment dans les dépendances de la Chartreuse, ce fut en 1233 que dom Martin, supérieur général, adopta cet emblème avec la devise *Stat crux dum volvitur orbis*. On y ajoute quelquefois sept étoiles, par allusion au songe de saint Hugues, qui vit, dit-on, saint Bruno et ses six compagnons figurés par des étoiles dans le désert.

Mais depuis quelque temps les bois reparaissaient de plus près ; les pentes un peu moins rapides avaient aussi moins d'aridité : déjà le hêtre et le sapin se remontrent ensemble ; ils se marient de nouveau. Cependant une petite chaussée de vingt pas de longueur, déformée par les pluies et l'herbe qui la couvre, s'écarte de la route et s'avance sur le précipice. Là, sans doute, était quelque rocher dont la cime arrivait au niveau du chemin, et qu'on a atteint et effacé en y portant des terres. Sur cet escarpement est une petite esplanade de six pieds carrés, où fut jadis un oratoire dont les faibles débris attestent à peine l'existence. Il est peu de sites mieux choisis pour la contemplation. Le front tourné vers l'oratoire, on est comme suspendu entre le ciel et la terre ; on domine à plomb et sans intermédiaire sur un abîme dont le fond se cache dans l'obscurité. La tête de quelques arbres qu'on cherche avec timidité sur la pente rapide du gouffre, ne sert qu'à en faire apprécier la profondeur. Le ciel est au-dessus de votre tête, le néant est à vos pieds. Le torrent qu'on ne voit pas et qu'on entend mugir, est toujours cette voix terrible qui se perd dans le vague et qui en est le signe sensible. L'immensité vous entoure : tous les objets sont éloignés ; couverts d'une ombre épaisse, ils semblent sortir de l'abîme, ou plutôt ils semblent s'y précipiter avec vous. Aucun plan interposé n'adoucirait la chute : le gouffre est là ; il vous attend, prêt à vous engloutir. J'y portai avec précaution un regard troublé ; et, condamnant mon imprudence, je vins chercher dans l'intérieur de la masure un point d'appui contre le vertige qui commençait à me gagner. J'étais seul, suspendu sur l'abîme dont mes regards ne pouvaient atteindre le fond : dans cet abandon absolu, sentant un frémissement involontaire, je tournai vivement la tête, comme frappé d'un bruit inattendu. Tout était calme, majestueux, sévère : le ciel, sans nuages, imprégné de lumière, brillait du plus tranquille azur ; les monts voilés d'une vapeur grisâtre m'offraient au loin leurs formes gigantesques ; mes regards se perdaient dans un vide sans fond, et la terre se dérobait à mes pieds : je crus m'élancer dans l'immensité. Tous les objets tournaient autour de moi ; je planais dans les airs. Jouissant de cette imposante scène, j'étais silencieux comme elle. Mon cœur agité battait avec force ; je sentais frapper toutes mes artères ; mon œil fixe ne distinguait plus ; tous mes sens nageaient dans un vague indéfinissable. Mes regards se portent-ils autour de moi ? non : c'est le même objet que je vois toujours et qui semble se mouvoir. Quel bruit soudain vient frapper mon oreille !..... il n'est que dans mes organes..... Ah ! fuyons, s'il m'en reste la force. Soudain je me retourne, et je m'assieds fatigué de l'effort. Mais les objets ne sont plus les mêmes : beaucoup plus rapprochés, je puis mesurer leur distance ; la vive lumière qui les éclaire m'en fait distinguer jusqu'aux moindres détails. Voilà tout près de moi la route que j'ai quittée, et voilà le sentier par où je puis la reprendre. En peu d'instans mes sens eurent repris leur calme ; l'illusion cessa : je me sentis à ma place, et je ne fus pas fâché de m'y retrouver, car peut-être mon extase, pendant quelques minutes, n'avait pas été sans danger. Sans doute il n'y en avait aucun lorsque l'oratoire fixait à la fois la vue et la pensée.

Ainsi retombé sur la terre et ma curiosité satisfaite, je repris mon voyage et j'arrivai bientôt à la station de la Croix-Verte. Il est impossible de s'y méprendre : une grande croix de bois artistement taillée et peinte en vert annonce qu'on approche du monastère. La route, qui en cet endroit tourne subitement à gauche, vous laisse devant un paysage charmant qui ne ressemble à rien de ce que vous avez vu jusque-là dans le désert, parce qu'il ressemble à ce qu'on trouve ailleurs. Ce sont des prairies, des pâturages, des bois : les vastes bâtimens de la Courrerie, où les Chartreux logeaient autrefois de nombreux ouvriers qui travaillaient pour les besoins de leur maison, les ateliers, les granges, la chapelle, se présentent au centre du tableau, à un quart de lieu de distance, sur un tapis vert, d'une pente douce et grâcieusement ondulée; ils se groupent agréablement sur le penchant du vallon dont une épaisse forêt remplit et cache le fond. Ce bois n'offrirait à l'artiste qu'une teinte ingrate et monotone, si, en reculant de quelques pas, il n'en faisait disparaître une partie, pour amener au premier plan la Croix-Verte elle-même, qui, dans son agreste simplicité, ombragée de quelques arbres, fait le principal mérite du tableau. La crête des montagnes qui dominent la Courrerie se découpe encore en larges pilons; elle se frange encore de nombreux sapins; mais ce n'est plus ce caractère imposant et grave que nous avons vu jusqu'ici : c'est une montagne ordinaire, c'est un vallon, une campagne comme une autre, avec sa culture et ses habitans. La vue en est riante, elle repose bien des tableaux précédens ; mais on cherche la sévère, la sublime solitude : le désert a disparu. Cette croix plantée sur un socle grossièrement taillé, à l'ombre de quelques jeunes hêtres, sur l'angle aigu d'un chemin dont les deux branches se perdent dans les bois, pourrait seule en rappeler encore l'idée : il n'est plus qu'un souvenir.

Ce fut là que, le 8 juillet 1816, les habitans des montagnes qui entourent le désert, avertis que le Gouvernement permettait aux religieux échappés à la révolution de rentrer dans leur ancien monastère, se réunirent auprès de Dom Moissonnier, supérieur général, qui s'y rendait de Grenoble, en passant par Voreppe, Saint-Laurent, et suivant la route que nous avons décrite. La population entière de ces villages, celle des campagnes voisines, celle des vallons d'alentour, attirées par cet événement inespéré, rassemblées comme en un jour de fête, se pressent sur les pas du saint religieux, et manifestent leur joie par les plus vives acclamations. Ceux qui, trente ans auparavant, avaient vu la splendeur et la bienfaisance de cet ordre; ceux qui, nés depuis cette époque, ne le connaissaient que par les récits de l'admiration et de la reconnaissance; vieillards, femmes, enfans, chacun veut voir ces hommes apostoliques que la Providence ramène au milieu d'eux, et consacrer dans sa mémoire le souvenir de leur triomphe. La longueur du voyage, les aspérités, les difficultés de la route, ne les arrêtent pas; le zèle est au-dessus des obstacles, et le but heureux qu'ils se proposent les a fait disparaître à leurs yeux. Le désert voit avec étonnement cette foule paisible marcher en longues colonnes par les détours de ces vallons; l'écho que ne troubla jamais la voix d'une multitude, se plaît à répéter les cris de sa jubilation; et les diverses générations d'un même siècle se mêlent confusément en ce jour, les unes pour apprendre, les autres pour se ressouvenir. Dans cette circonstance extraordinaire, ce pélerinage en masse est en effet bien propre à la consacrer. C'est un jour de bienveillance universelle : la charité dans son acception évangélique, l'amour du prochain, est le sentiment commun de tous ces cœurs épanouis; ils s'y livrent avec effusion, et quoique le même zèle anime tous les âges, la disparité des forces donne à la marche une officieuse lenteur. Personne ne veut rester en arrière; les plus courageux et les plus robustes prêtent leur appui aux plus faibles. Plusieurs fois il fallut s'arrêter pour se reposer ou s'attendre : une distribution d'aumônes signala l'une de ces stations; assis sur l'herbe, il y eut un léger repas, et l'on vit presque se renouveler le miracle des cinq pains (1).

---

(1) *Et cùm jussisset turbam discumbere super fœnum, acceptis quinque panibus et duobus piscibus, aspiciens in cœlum, benedixit et fregit, et dedit discipulis panes, discipuli autem turbis.* Math., cap. XIV, vers. 19.

En arrivant à la Croix-Verte, la fête devint encore plus solennelle. Les habitans du village de Chartreuse, ceux des contrées environnantes, venus de l'autre partie du désert, s'étaient avancés jusque-là pour attendre l'arrivée du solitaire. Dirigés par les maires et les curés de ces paroisses, leur marche était plus régulière, et la pompe en devint plus solennelle. Rangés en longues files et précédés de leurs bannières, ils faisaient retentir ces monts du chant mélodieux des cantiques : les hymnes que l'église réserve aux jours de ses réjouissances étaient répétées en chœur jusqu'aux derniers confins de ces forêts profondes dont les rochers répétaient la sainte harmonie. Enfin un détachement nombreux des employés des douanes vint prendre part à la joie publique, et par des décharges multipliées lui donna une explosion bien convenable à la majesté de cette immense scène.

Mais elle ne devait pas avoir seulement le caractère d'une pompe religieuse. La piété, jusque dans ses triomphes, se rappelle de ses austérités : ces lieux voués à la pénitence devaient, même en ce jour, en retracer les exemples. Étrangers à cette ivresse mondaine d'un peuple reconnaissant, soumis sans réserve aux décrets d'une Providence qui se manifeste avec tant d'éclat, d'humbles religieux, mémoratifs des vœux qui les ont séparés du monde, évitent avec soin de se mêler à cette foule : prêts à reprendre le joug de leur règle, doivent-ils commencer par l'enfreindre ? Comme leur saint fondateur, ils sont cachés dans les bois : mais à l'approche de leur supérieur, ils viennent en silence se prosterner à ses pieds, et le précèdent vers le monastère où ils ne peuvent rentrer qu'avec lui.

Réunis par les sentimens d'une douce piété, ils avaient promis au ciel de vivre et de mourir ensemble dans l'exercice des vertus religieuses : fidèles à leur vœu, en fallait-il davantage pour être proscrits ? Ils furent chassés de leur demeure, et la source de prospérité qu'ils avaient si long-temps entretenue dans ces lieux, fut tarie peut-être pour jamais. Ce ne fut pas vous, paisibles commensaux de ces saints anachorètes, qui tous les jours pouviez vous édifier de leurs exemples ; ni vous, dont ils parcouraient les campagnes en semant l'abondance et les bénédictions ; ni vous, qu'ils formaient dans leurs laboratoires à une utile industrie ; ni vous, qu'ils arrachaient à la misère, à la dépravation et peut-être au crime, en vous donnant dans leurs usines des ressources et des travaux assurés ; ni vous, qui dans vos maladies en receviez d'abondantes aumônes et des secours de toute espèce ; ce ne furent ni les vieillards accoutumés à leurs consolations, ni les hommes nourris de leurs bienfaits, ni la jeunesse formée par une éducation gratuite et religieuse, qui osèrent les chasser de leurs cellules, établir la désolation dans leur sanctuaire, le tumulte dans cet asile du silence, le désordre et la profanation à la place de la bienfaisance et de la vertu. Vous sentîtes alors, et vous ne l'avez que trop éprouvé depuis, le malheur irréparable de ce funeste événement. L'affreuse tyrannie, qui seule en était coupable, vous condamnait au silence ; elle eût traité de criminelles les larmes que le respect, la reconnaissance ou la pitié vous eût fait répandre; ces nobles sentimens traités de séditieux eussent été punis au nom d'une liberté qui ne permettait que le crime. Vous êtes libres aujourd'hui d'en épancher l'expression, en vous abandonnant à la douce ivresse de vos cœurs si long-temps comprimés : remerciez le Gouvernement paternel et sage qui répare ces maux; vos bienfaiteurs vous sont rendus, et avec eux vont renaître parmi vous la piété, le travail et le bonheur.

Ainsi pensait la foule nombreuse, témoin de cet heureux événement. Ses discours, sa conduite, étaient également inspirés par ce contentement intérieur qui répand tant de charmes sur les bonnes actions ; sa joie, quoique expansive, était calme et décente ; elle se communiquait par une émotion douce et paisible qui aurait ressemblé à l'enthousiasme, si elle eût eu sa vivacité, et qui rentrait mieux dans l'esprit de ce beau jour. Jamais solennité si touchante n'avait embelli ces lieux sauvages qu'elle consacra de nouveau au silence et à la méditation. Ainsi, sous les auspices de la croix, fut alors conclu le nouveau pacte qui lie désormais cet ordre vénérable à cette pieuse population. Puissent-ils, les uns et les autres, jouir sans fin de cette réciprocité de reconnaissance et de bienfaits, et transmettre à leurs successeurs les sentimens qui les animent en ce beau jour (1) !

Pendant que je dessinais la vue de la Courrerie, un homme monté lentement par un sentier rapide, vint familièrement s'asseoir auprès de moi. Il me dit être l'un

---

(1) Voyez la note 11 à la fin du volume.

des bûcherons dont j'entendais au loin retentir la cognée, et qui travaillaient pour la marine. Les coups qu'ils portaient, répétés par l'écho à intervalles inégaux, laissaient juger de leur distance. Ce bruit lent, monotone et sourd, eût bien caractérisé l'impuissance des efforts destructeurs de l'homme, si l'œil attiré vers ces lieux n'y eût reconnu le théâtre de ses ravages. Sur une large pente des flancs de la montagne, le manteau de verdure qui les couvre était impitoyablement déchiré du haut en bas; ses informes débris étaient confondus les uns dans les autres, et les rocs dépouillés voyaient sans doute le soleil pour la première fois. Le sol paraissait complètement mis à nu; la hache avait tout renversé : le sapin, le hêtre, l'érable, l'ormeau, le chêne, tout avait disparu; ils avaient tous été compris dans une proscription générale. Pas un arbre n'était demeuré debout, triste témoin de ce grand désastre; aucun baliveau ne donnait l'espérance qu'il serait un jour réparé; la fumée d'une charbonnière, établie au centre, prouvait qu'on en consumait jusqu'aux moindres éclats.

Certes, si comme je l'avais remarqué en d'autres endroits de ces forêts, les bûcherons coupent les arbres à quelque hauteur au-dessus de terre, mieux vaudrait leur appliquer le feu : la destruction des bois serait plus rapide mais ne serait pas plus complète. Cette méthode abusive a perdu toutes les forêts de la France, livrées trop long-temps à la dévastation par une coupable insouciance. Ces temps sont heureusement loin de nous ; mais vingt ans se sont écoulés sans apporter presque aucun remède à cette plaie cruelle. On sait que l'aménagement des forêts exige qu'elles soient élaguées à certaines périodes, et personne n'ignore qu'en dépouillant complètement et sans précaution le sol le plus fertile on le frappe de stérilité ; les germes y avortent, et, s'il est en pente, les pluies le délavent et l'entraînent. « En sorte, dit » un homme d'une expérience consommée

» dont j'ai consulté les lumières (1), que
» les graines que le vent peut apporter sur
» une surface privée d'abri et exposée à
» toute l'ardeur du soleil, ne lèvent que
» rarement, et ne donnent que des jets
» languissans ». Il est donc important de
ne pas les priver entièrement d'ombre et
de verdure, si l'on ne veut détruire tout
à coup l'espoir des générations futures.

Que dire des contrées malheureuses où les forêts ont entièrement disparu, soit que la malveillance les ait détruites, soit que l'imprévoyance les ait laissé périr? Il en est qui n'en conservent pas le moindre vestige; et c'est, en général, des cantons montagneux qui en furent autrefois couverts, et où quelques arbres conservés par hasard annoncent la fertilité du sol et

(1) M. Farre, garde général des forêts dans l'arrondissement de Valence, en sa note à la *Statistique du département de la Drome*, par M. Delacroix, ouvrage estimé et d'un intérêt général, pag. 164.

accusent l'impardonnable insouciance des habitans : j'en ai vu que ces malheureux, réduits à brûler des mottes de gazon imprégnées de racines d'herbes, seront un jour forcés d'abandonner.

Qu'il serait facile de réparer ces maux, en repeuplant de forêts les sommets des montagnes, leurs pentes incultes, et tous les lieux qui ne peuvent produire autre chose. Dans la plupart, la terre impatiente n'attend que les rejetons qu'on voudrait lui confier : car, quoique le semis convienne mieux à une mesure générale, la transplantation des jeunes pousses aurait un succès plus assuré et plus prompt. Je l'ai conseillée dans des terrains que leur pente rapide faisait juger infertiles; elle a parfaitement réussi. Qu'en imitant la nature on mêle les essences, qu'à nos richesses territoriales on ajoute les conquêtes de notre agriculture sur les climats étrangers, le résineux mélèze, l'accacia épineux, le précieux cèdre du Liban, dont le jardin du Roi possède un si bel échantillon, et qui trouverait dans nos provinces méridionales un climat si rapproché du sien : la diversité de leur croissance favoriserait leur développement, et bientôt d'immenses ressources seraient au-dessus de tous les besoins.

Je sais qu'on vante les houilles et les charbons que l'industrie moderne a su découvrir dans le sein de la terre et qu'elle s'efforce d'en arracher. Mais, en supposant cette ressource inépuisable, que de dépenses, que de dangers ! Voyez les malheureux forcés par la misère à descendre dans ces périlleuses profondeurs qu'ils creusent tous les jours davantage ; privés d'air et de lumière, élémens essentiels de la vie; respirant une atmosphère empestée, la pâleur de leur front, signe de leurs souffrances, est rendue plus hideuse par la noire poussière qui l'encroûte. Ensevelis d'avance, chaque coup de leur pic peut être celui de leur mort, soit en déterminant des éboulemens imprévus, qui, s'ils ne les écrasent pas subitement, prolongent une horrible agonie dans une prison impénétrable ; soit en donnant une issue soudaine à des fleuves souterrains, qui ne rapportent pas même leurs cadavres à leurs familles désolées ; soit en créant des vapeurs méphitiques, dont la moindre étincelle enflammée par leur lampe vraiment sépulchrale les foudroie tout à coup, et allume ces incendies inextinguibles qui dévorent les entrailles de la terre, et menacent les contrées entières d'être enfin englouties dans un gouffre de feu. Combien d'autres accidens font périr tous les jours quelques-uns de ces misérables. S'il n'est pas de boisseau de ce minerai qui ne soit arrosé de larmes et de sang, pourquoi la société tout entière, comptable de chacun de ses membres, ne se lève-t-elle pas contre cet horrible calcul de la cupidité !

Comparez à ce tableau si sombre quoique incomplet, celui des bûcherons qui, pleins de joie, de force et de santé, respirent librement l'air embaumé des forêts ; et songez que si l'auteur de la nature a caché les mines dans les profondeurs de la terre, et répandu les bois sur sa surface, c'est méconnaître ses bienfaits, contrarier ses desseins, et se rendre coupable des malheurs qui en sont la suite, que de négliger les uns et fouiller inconsidérément les autres.

Ces réflexions affligeantes m'étaient suggérées par les détails que me donnait le bûcheron, et par la comparaison des lieux où la cognée exerçait ses ravages et de ceux qu'elle épargnait encore. Il ne disconvint pas que les abattis ne pussent être faits avec plus de prudence, de soin et de discernement : il m'avoua que la place serait infertile pendant plus de cinquante ans, d'où j'inférai qu'elle le serait toujours. Il m'apprit que ces bois magnifiques, ancienne propriété des Chartreux, qui les exploitaient avec des ménagemens si nécessaires à leur conservation, ne leur avaient pas été rendus ; et que depuis les usurpations révolutionnaires, une cupidité sans frein avait long-temps ravagé indistinctement tout ce qui se trouvait à sa portée, au point que, dans la partie basse du vallon, il serait aujourd'hui difficile de trouver une pièce pour la marine, ou une mâture remarquable, à moins qu'elle ne fût préservée par l'impossibilité de l'atteindre. Il observa judicieusement qu'une exploitation soumise par la localité à des exceptions nombreuses ne pouvait être réglée par des lois générales, et que l'intérêt du propriétaire pouvait seul l'éclairer sur le choix des plantes qu'il convenait d'élaguer en jardinant, et non lui conseiller ces coupes en masse qui détruisent tout espoir de reproduction. Il exprima enfin le vœu, si bien senti par tous ceux qui peuvent apprécier ces désordres, que ces bois fussent rendus aux Chartreux, dans l'intérêt du commerce et celui de l'État (1).

(1) On dit que ce vœu a été réalisé en partie par la sagesse éclairée de Charles X.

Mes compagnons venaient de me rejoindre et avaient entendu ces derniers mots, qui furent le texte de nos entretiens en nous éloignant de la Croix-Verte. Le chemin est facile, légèrement montueux, parallèle à un ruisseau coulant à grand bruit sur un fond rocailleux, et bordé d'une épaisse forêt, à l'ombre de laquelle on arrive, après trois-quarts d'heure de marche, aux bâtimens de la Grande-Chartreuse. La seule chose que nous eûmes à remarquer dans ce court trajet, fut une variété singulière dans la roche calcaire qui se découvre en deux endroits : dans l'un, elle ressemble aux éboulemens de lave des montagnes volcaniques ; dans l'autre, elle paraît formée de dépôts successifs d'argile et de matière calcaire, formant des bancs minces et presque verticaux, qui s'effeuillent en petites dalles assez régulières, et glissent sur la couche visqueuse qui les sépare. La chaussée paraît ne pas avoir été terminée à l'endroit où elle traverse cette roche : le pavé est incomplet, et les dernières assises des pierres destinées à la soutenir sont encore éparses et n'ont pas été placées. C'est là sans doute que la révolution vint interrompre ce bel ouvrage que trois siècles n'ont pu voir achever : les matériaux à demi taillés obstruent encore le passage ; il semble que les ouvriers détournés de leurs travaux par un orage momentané, sont prêts à les reprendre. Cette roche est une carrière précieuse d'excellens moellons : on ne les aura pas négligés dans les bâtimens dont nous approchons.

Mon fils les aperçut le premier à travers les sommités des arbres, et s'écria : « La Chartreuse ! » avec le même plaisir que la vigie en découvrant le port. Déjà le son de la cloche, si retentissant dans les vallons et les bois, nous avait avertis que nous n'en étions pas éloignés ; mais la forêt accompagne la route jusqu'auprès des murs d'enceinte, et empêche que de ce côté on ne l'aperçoive de loin. C'est vraiment dommage ; car ces bâtimens étant très-considérables et groupés sur un penchant très-rapide, offriraient à coup sûr des points de vue intéressans. On les découvre de près et de bas en haut, ce qui ne permet pas de juger de leur ensemble. Une muraille les entoure, en suivant toutes les sinuosités du terrain, dont la pente, plus forte en cet endroit, donne un aspect singulier à cette construction hardie, qui fuit et se dérobe à la vue sur le plateau supérieur. Presque tous les combles sont couverts d'ardoises; et leur réunion, entremêlée de plusieurs clochers et de bâtimens de diverses grandeurs, donne l'idée d'un lieu peuplé de nombreux et riches habitans.

Sans perdre de temps à chercher la porte principale que nous jugions située plus haut, en faisant le tour d'une partie de l'enceinte, nous entrâmes par la première que nous trouvâmes ouverte, et qui donnait dans les cours des bâtimens d'exploitation. C'étaient de vastes écuries, des laiteries, des bergeries; on y trouve un moulin, un atelier de maréchal; là étaient l'infirmerie, de larges granges, de beaux greniers, enfin toutes les dépendances d'une grande administration rurale. Mais ce n'étaient encore que des dépendances. Un domestique nous fit signe de loin de monter vers les bâtimens, où nous trouvâmes un frère qui, par un petit escalier, nous conduisit à la cuisine.

Il était sept heures du soir; nous marchions depuis trois heures du matin, et nous avions mis tout ce temps pour faire les trois lieues que l'on compte entre Saint-Laurent et la Grande-Chartreuse; mais cette distance, qui peut être exacte mesurée à vol d'oiseau ou sur la carte, est bien augmentée par les sinuosités et les difficultés de la route. Il est vrai que nous l'avions faite à l'aise, nous arrêtant partout où quelque objet remarquable sollicitait notre attention, et dessinant tous ceux qui méritaient de l'être. Nous étions fatigués et baignés de sueur; nous profitâmes avec plaisir du grand feu que nous trouvâmes. Trois vastes chaudières préparaient à la fois le repas de la communauté ; mues par une longue branche de fer, un robinet placé dans la cheminée donne la facilité de les remplir ; deux grandes dalles d'un calcaire poli servent de table de cuisine, et trois frères vêtus de longues robes brunes s'occupaient en silence de leur ouvrage.

Bientôt le frère Jean-Marie nous fut annoncé. Il nous aborda avec politesse, s'informa de nos premiers besoins, nous invita à nous chauffer, et nous conduisit au réfectoire des étrangers. Le corridor que nous suivîmes tient au principal corps de logis, et communique par divers embranchemens à tout le reste de la maison. A droite, nous laissâmes la porte de l'église ou chapelle principale, qui est au centre de l'édifice, également à portée de toutes ses parties ; et à gauche, les cellules des officiers de la maison. Tout le monde était retiré, et le silence était absolu. Notre conducteur lui-même ne le rompit qu'au réfectoire, où il nous demanda nos ordres, ce fut le mot dont il se servit, et s'informa adroitement, dans une conversation animée, du motif de notre voyage et du séjour que nous voulions faire. Exposés chaque jour à la visite de nombreux inconnus, et les recevant tous avec l'hospitalité la plus franche, ces bons religieux seraient blâmables s'ils ne cherchaient pas à se donner une garantie morale des dispositions de leurs hôtes, par un examen que la prudence conseille et qui n'a rien d'inquisitorial. Le frère Jean-Marie paraît tout à fait propre à cet office délicat. Il est étranger, et quoique parlant parfaitement le français, sa prononciation fait sentir son origine allemande. Il a dans les manières une liberté décente, fruit nécessaire d'une longue habitude de son emploi; son œil scrutateur vous perce à jour; il saisit vos paroles au passage, et l'on voit qu'il en tire une induction. Sous des formes simples, on reconnaît en lui une grande finesse : il est très-précieux auprès des étrangers à qui il rend avec empressement tous les services de l'hospitalité, et certes il serait difficile de faire un meilleur choix.

Un domestique fut dès-lors chargé de nous servir. Nous avions demandé d'être traités comme la communauté ; c'était un vendredi ; d'ailleurs le gras n'est jamais admis dans cette maison : on nous servit des légumes, des œufs, des pommes de terre, de bons potages au riz, tout cela bien assaisonné et suffisamment copieux. J'entre une fois dans ce détail pour n'y plus revenir : je ne le donnerais point, si nous étions dans une auberge où l'on se nourrit comme on l'entend ; mais il peut avoir quelque intérêt comme tenant aux usages de ce monastère, dont je cherche à donner l'idée la plus exacte et la plus complète. Des fruits de la saison, du beurre excellent, étaient toujours laissés à notre disposition, ainsi que le vin qui n'était pas meilleur que celui de toutes ces contrées.

Bientôt le besoin de repos fut le plus impérieux. On nous donna à chacun une petite cellule dont la porte ouvrait sur notre réfectoire. L'ameublement en est borné au plus stricte nécessaire; le luxe n'y a jamais pénétré. Une seule chaise, une table grossière en bois de sapin, un prie-dieu, un petit lit dans une espèce d'armoire fermée d'un rideau de cotonne; c'était là tout, mais quelque chose de plus eût été bien inutile. Accoutumés dans le monde à regarder nos embarras comme des commodités, nous aimons à nous entourer de choses superflues dont la conservation exige plus de soins que leur usage ne donne de plaisirs. J'approuve ici cette parcimonie judicieuse qui accorde le nécessaire à mes véritables besoins, en dédaignant de fournir des inutilités à mes vains caprices. Je comprends que dans cette austère demeure, où la contemplation est la principale affaire, il est bon de prévenir un désir raisonnable qui serait une distraction, mais il faut éviter un luxe quelconque qui en serait une autre plus dangereuse encore.

Soit lassitude, soit agitation, je fus long-temps à chercher le sommeil qui se refusait à ma paupière. Me roulant sur une couche un peu dure, je voulais classer les nombreux objets qui m'avaient frappé dans cette longue journée, et rappeler les sensations diverses dont j'étais encore ému. Cette occupation méthodique eut l'effet que j'en attendais : mes sens plus calmes admirent le sommeil ; je le sentais venir avec délices, et j'évitais de faire aucun mouvement qui pût troubler son approche ; lorsque, dans ce moment intermédiaire que tout le monde apprécie, le son vigoureux d'une cloche frappa tout à coup mon oreille. En d'autres lieux, ce contre-temps m'eût donné de l'humeur ; ici, la réflexion me prêta sa lumière. Ne savais-je pas que la communauté a ses usages ? oserais-je prétendre qu'elle y dérogeât pour moi ? ces prières au milieu de la nuit ne lui sont-elles pas prescrites comme un devoir? et ce devoir est-il autre chose qu'un élan de reconnaissance envers le bienfaisant auteur des créatures, qui toutes l'oublient dans le sommeil où elles sont plongées? Ah! sans doute, tant de méchans veillent maintenant pour mal faire : l'avare, l'ambitieux, le joueur, celui que maîtrise une passion honteuse, celui qu'entraîne le désir d'un gain illicite, la foule innombrable de ceux que captivent les plaisirs trompeurs du grand monde, cherchent dans ses vains tourbillons un remède inutile à l'ennui concentré qui les obsède, et usent leur vie à en saisir les fausses jouissances : tous veillent, et leurs instans sont perdus! Qu'il est consolant de penser qu'ici des ames innocentes en font un meilleur usage. De concert avec les étoiles de la nuit, ces pieux solitaires célèbrent les louanges de Dieu : ils appellent ses miséricordes sur les pervers dont ils sont séparés. Et pourquoi ne se livreraient-ils pas à ce saint exercice? ne sont-ils pas, comme les gens du monde, maîtres de leurs momens ? peuvent-ils craindre le blâme en les consacrant à la piété ? troublent-ils le sommeil agité des hommes du siècle, ou doivent-ils ménager leurs tristes préjugés, leur fausse délicatesse ? Dormez, mondains, dormez, si vos passions vous le permettent; la voix sacrée qui me réveille ne parviendra pas jusqu'à vous : elle retentit dans le désert ; elle réjouit la solitude; les forêts sont accoutumées à ses accens ; les rochers y prêtent une oreille complaisante, leurs échos les répètent à l'envi ; c'est pour eux seuls que l'airain se fait entendre. Quand ces sons mesurés arrivent jusqu'aux extrémités de ces roches, rassurez-vous, ils ne franchiront pas une barrière au-delà de laquelle ils ne seraient plus compris.

Cependant des chants mélodieux se faisaient entendre : un chœur grave et plein portait jusqu'à moi sa lente et majestueuse harmonie; adoucie par l'éloignement, elle était suave et touchante, elle parlait vivement à mon cœur. Je ne pus résister à mon entraînement, et pour mieux goûter cette délectable jouissance, je m'élance vers la fenêtre que j'ouvre avec empressement. Mon espoir ne fut pas déçu : le *Te Deum laudamus* retentissait dans toute sa pompe; mon ame vibrait tout entière au chant de ce sublime cantique, dont les paroles faisaient sur mon cœur une impression puissante. Mais d'où venait cet admirable concert ? je n'avais devant moi qu'une forêt silencieuse; les rochers qui la dominent se confondraient dans l'ombre avec l'immensité des cieux, si le faible décours de la lune cachée derrière la montagne n'y repandait une douce lumière : un nuage blanchâtre dont elle éclairait plus vivement les bords se montrait à peine sur le sommet. C'est de là sans doute que part cette céleste mélodie. Les purs esprits que Dieu créa pour chanter ses louanges daignent ici s'approcher de la terre; assis au milieu des nuages, sur la cime de ces montagnes, ils m'invitent à partager leur reconnaissance et leur bonheur. Les objets nouveaux qui frappent ma vue, le calme d'une belle nuit, la solitude profonde dont je suis entouré, le voile officieux que l'éloignement jette sur cette harmonie magique, l'incertitude même du lieu d'où elle provient, tout concourt à former, à nourrir cette délicieuse illusion. Un tintement trois fois répété avertit le désert de redoubler d'attention..... Ah! c'est vraiment le concert des anges! Empruntant la sublime invocation de la belle hymne de saint Ambroise, ils se prosternent en tremblant devant la majesté suprême du trois fois Saint, et la nature entière s'anéantit en sa présence..... D'inexprimables délices inondèrent alors tout mon être; mon sein ne pouvait les contenir; d'abondantes larmes coulèrent avec volupté. Depuis long-temps les chants avaient cessé; le silence le plus absolu, le repos le plus parfait, avaient repris leur empire; le nuage même s'était évanoui, et mon illusion durait encore.

Le souvenir de cette nuit délicieuse ne s'effacera jamais de ma pensée, elle servirait seule de consolation à de longues infortunes, et de remède aux blessures de l'ame. Le monde vante l'ivresse de ses plaisirs ; est-il rien de comparable à cette douce extase ! Les distractions bruyantes qu'il appelle de ce nom, peuvent troubler les sens ; quelle fatigue les suit ! quelle satiété les accompagne ! Mais les jouissances de l'ame, innocentes et pures, ne donnent point de peines et sont exemptes de remords : je les trouve en ces lieux avec tous leurs charmes. Ah ! si les méchans m'entourent encore de leurs piéges perfides ; si l'injustice, la calomnie, tentent encore de m'opprimer, que le désert soit mon refuge ! j'y trouverai la seule félicité permise au cœur de l'homme, la paix de la conscience et les douces illusions de la vertu.

Le calme était rentré dans mes sens ; mon sommeil fut paisible et profond. Les rayons du soleil pénétraient sans obstacles dans ma cellule, lorsque la cloche me fit lever pour la seconde fois. Ses sons me semblèrent avoir un autre caractère : moins brillans, moins sonores, ils retentissaient moins, et n'avaient plus sur le désert autant de puissance ; ce n'était plus qu'un avertissement que j'étais accoutumé d'entendre. Nous lui obéîmes en allant à l'église : la communauté y était déjà rassemblée. Cette chapelle propre et décente n'a rien de remarquable dans son architecture ni dans ses ornemens ; elle n'a qu'une nef assez étroite, dont la voûte très-élevée est favorable aux voix nombreuses qui la remplissent sans confusion. Les jours sont placés dans les cintres ; et un autel modeste en bois peint et doré, qui remplace celui en marbre donné autrefois par la Chartreuse de Pavie et dont la cathédrale de Grenoble s'est enrichie, remplit tout le fond du sanctuaire arrondi en demi-cercle. Cette partie est la seule qu'on n'ait pas dépouillée de la belle boiserie, ouvrage des Chartreux, qui décorait toute cette chapelle. On n'aurait pu sans doute l'adapter nulle part ; car les stalles qu'on voyait autrefois dans la nef, et non moins remarquables par l'élégance et la finesse du travail, ont été partagées entre plusieurs églises de Grenoble (1). On les a remplacées par des bancs en bois de sapin, plus convenables à l'état actuel de ceux qui les occupent. Suivant l'usage particulier de cet ordre, le public n'est point admis dans cette nef intérieure qui sert de chœur aux religieux, et qui comprend les trois-quarts de la longueur de l'église ; il reste vers l'entrée, avec les frères et les domestiques de la maison, séparé par une boiserie ouverte au centre en clair-voie. Le frère Jean-Marie nous désigna une place dans le chœur des pères, à la gauche du supérieur général.

(1) La cathédrale, Saint-André, le grand séminaire, etc.

On ne peut s'empêcher d'être frappé du recueillement profond qui règne dans cette enceinte. Vingt-huit religieux sont également distribués des deux côtés : leur longue robe blanche, leur large scapulaire, leur tête modeste, complètement rasée, couverte quelquefois d'un vaste capuchon, l'uniformité de leurs mouvemens exempts d'affectation, leur chant grave et solennel, l'ordre pompeux qui règle tout avec mesure, la piété enfin qui est là dans sa véritable demeure, tout vous en fait éprouver l'influence. On partage pour le saint lieu le respect trop souvent oublié dans nos églises, et dont tout ici vous donne l'exemple. Un prêtre seul est à l'autel, chantant la messe que le chœur lui répond : un desservant l'assiste, vêtu par-dessus ses habits ordinaires d'un long manteau blanc d'un drap de laine très-fin, à larges manches et d'une coupe élégante. Leur usage, à l'élévation, est de se prosterner en se couchant contre terre. Après l'office, tout s'écoule en silence par les portes latérales qui communiquent plus immédiatement avec l'intérieur de la maison : et dans ce vaste corps de logis habité par plus de cent personnes, on n'en rencontre jamais aucune, on n'entend pas le moindre bruit.

Nous apprîmes qu'avant de se retirer dans leurs cellules tous les pères disent en même temps leur messe dans des chapelles particulières distribuées le long d'un vaste dortoir, à côté les unes des autres, et dont les autels simples et modestes sont peu chargés d'ornemens. Ces chapelles, pour ainsi dire privées, se ressentent encore d'une ancienne dévastation et de la pauvreté actuelle de l'ordre : on y a rétabli la décence, mais il n'y a rien pour la parure. Ce sanctuaire intérieur n'a point le caractère d'une église; il en diffère par la forme générale qui est une suite d'oratoires particuliers, et par la destination bornée à ces messes quotidiennes. Mais qui pourrait voir sans émotion ces pieux solitaires célébrant à la fois dans la ferveur la plus vive le plus auguste de nos mystères ? Ils prient dans la solitude pour un monde qu'ils ont quitté et qui les oublie ; et ces sacrifices d'expiation pour les péchés des hommes s'élèvent chaque jour du fond d'un désert que les hommes ignorent ou que leur orgueil dédaigne.

Après notre déjeûner, Dom Bruno, coadjuteur de la maison, chargé de la réception et du soin des étrangers, vint nous rendre visite. Il s'informa si nous ne manquions de rien, et nous proposa de parcourir le monastère où il voulut bien nous servir de guide. Dom Bruno Rambaud, né à Lyon, n'est entré dans le cloître qu'à l'âge de cinquante ans : il y a porté une grande habitude du monde, une connaissance réfléchie des hommes et des choses. Chargé de toutes les affaires importantes au dehors, il a toutes les qualités propres à leur succès, et le succès justifie cette confiance. Il prévient favorablement par une physionomie ouverte et spirituelle, beaucoup d'aisance et de dignité dans les manières, une gaîté décente, agréablement tempérée par la retenue que son habit lui impose, et une affabilité qui invite à l'indiscrétion. Exposé tous les jours au rôle fastidieux qu'il voulait bien remplir avec nous, on eût dit qu'il le faisait pour la première fois, tant il y mettait de politesse et de complaisance. S'il est précieux pour la maison, il ne l'est pas moins pour les hôtes qui y sont reçus, et qui trouvent autant d'agrémens que d'avantages dans son entretien.

Nous profitâmes de ses bontés pendant plusieurs heures; car il ne nous fallut pas moins de temps pour parcourir toute la maison. Elle est très-vaste et très-commode, et la singularité de la distribution est aussi remarquable que celle du site qu'on a choisi : c'est une vaste prairie dont la pente rapide incline au midi et au couchant, bordée de très-près par une forêt touffue et des rochers escarpés. Pour construire dans un lieu pareil, il a fallu se procurer quelques niveaux, soit en creusant la terre, soit en élevant des terrasses et des voûtes : de là vient que, du côté de la pente, le rez-de-chaussée du bâtiment a un étage inférieur qui n'est engagé que d'un côté. Il était impossible de dissimuler cet inconvénient avec plus d'art qu'on ne l'a fait. Tous les étages sont à leur niveau respectif : mais ces bâtimens si bien entendus, construits avec une solide et élégante simplicité, n'ont point le caractère d'antiquité qu'on aimerait à leur voir. On s'y attend, quand on songe que depuis le onzième siècle cet ordre, jadis opulent, a toujours regardé ce lieu comme son berceau et en quelque sorte sa capitale. Mais ces grands édifices, reconstruits plusieurs fois après des incendies généraux, reçurent toujours le caractère du temps de leur restauration : ceux qui existent actuellement furent rebâtis après l'incendie du 10 avril 1676 (1). On y remarque quel-

(1) Il est étonnant que ces bâtimens aient éprouvé

ques portes et une partie du cloître d'une construction plus ancienne ; tout le reste est dans le style moderne. Le dernier architecte, frère de l'ordre, dont le nom nous fut dérobé par sa religieuse abnégation, était un habile homme qui sut tirer le meilleur parti du terrain le plus ingrat et en dissimuler les défauts. Tous les corps de logis sont séparés et isolés; ils communiquent par de longs dortoirs : tous les combles sont en ardoise; leur faîte élevé, leurs versans rapides pour écouler le poids des neiges, la variété de leur hauteur et de leurs formes, donnent à leur ensemble un air singulier qui étonne et qui plait.

si souvent le seul danger qu'ils eussent à craindre, celui de l'incendie. Les annales de l'ordre en comptent jusqu'à huit, à des époques assez rapprochées : en 1320, en 1371, en 1474, ce dernier ne fut que partiel, en 1510 et en 1562. Les huguenots pillèrent et brûlèrent la Grande-Chartreuse en 1592; enfin, l'incendie de 1611 et celui du 10 avril 1676 dévorèrent tous les bâtimens. Deux ans auparavant, le 22 juin 1674, la Courrerie avait été la proie des flammes.

J'ai dit que les cellules des officiers sont dans le corridor principal : c'est le premier qui se présente en entrant par la porte ordinaire et la grande cour. Cette cour ornée de deux bassins dont les jets d'eau se sont oblitérés, précède un vaste bâtiment à trois corps, dont le principal en retraite est flanqué de deux corps avancés formant de grandes ailes. Consacrées au logement des étrangers, quatre grandes salles au rez-de-chaussée, distribuées comme celle où nous avions été reçus, sont la pièce principale de chacune de ces ailes, sous des noms qui rappellent les temps de leur institution : ce sont les salles de Bourgogne, d'Aquitaine, d'Allemagne et d'Italie. Chacune de ces salles sert de réfectoire commun aux voyageurs, dont les cellules sont disposées à l'entour. Une longue table et des bancs de bois en sont l'ameublement. Celle où nous étions était ornée d'un grand portrait d'un duc de Bourgogne ; mais cette peinture était loin de répondre à la réputation des artistes flamands dont il était le souverain. Les étrangers logés autour de la même salle sont libres de prendre leur repas en commun; cependant chacun d'eux peut se faire servir à l'heure qui lui convient; on se conforme à ce désir avec la plus grande complaisance. Quand la nuit approche, on se réunit dans cette salle, près d'un large foyer que rend souvent nécessaire la température de ces contrées élevées. A l'étage au-dessus sont les cellules autrefois destinées aux députés de l'ordre pour les chapitres généraux qui se tenaient chaque année. Plusieurs de ces appartemens, aujourd'hui démeublés, servent d'ateliers aux nombreux ouvriers qui réparent les dégradations causées par trente ans de négligence. A l'autre extrémité de la maison est l'appartement du supérieur général, isolé et pourtant attenant à tous les autres, ayant à part ses jardins et ses terrasses, d'où la vue plonge sur de magnifiques vallons.

Vers le milieu du dortoir est le passage

qui conduit à la salle capitulaire. Elle est remarquable par son étendue, sa régularité et la hauteur de son plafond, entouré d'un double rang de tableaux qu'on assure être les portraits de grandeur naturelle de tous les généraux de l'ordre depuis saint Bruno inclusivement. Ces portraits, d'une exécution très-médiocre, paraissent tous faits en même temps et de la même main. Je pense qu'ils sont une copie très-inférieure d'une excellente gravure que je connais depuis long-temps, représentant les mêmes sujets disposés avec bien plus d'art. Au-dessous d'eux on voit avec plaisir une belle copie des chef-d'œuvres de Lesueur, ces admirables tableaux de la vie de saint Bruno, qui sont aujourd'hui l'un des plus beaux ornemens du musée royal de la capitale. Il est probable que ces copies, hommage rendu à la maison chef-d'ordre, ont été faites dans les ateliers et sous les yeux de l'auteur, qui sans doute en aura retouché plusieurs; car ces tableaux sont peints avec une telle franchise, que si l'on ne savait que ceux de Paris sont les originaux restaurés et rafraîchis, le ton poussé de ceux que nous trouvons ici pourrait leur en faire attribuer l'honneur. Ils sont rangés dans un bel ordre autour de cette salle, d'où la révolution les avait enlevés pour enrichir le musée de Grenoble. Quelques-uns ont souffert du retour ; quoiqu'il fût bien facile de prendre des précautions propres à prévenir les dégradations fâcheuses qu'ils ont éprouvées ; accidens qu'on ne répare pas toujours bien et qui diminuent le prix de cette belle collection. Un banc continu autour de la salle recevait en chapitre général tous les députés de l'ordre : la place du supérieur général est marquée par un fauteuil de bois, au-dessus duquel était autrefois un superbe Christ de Philippe de Champagne resté au musée de Grenoble.

On passe ensuite dans une galerie dont la vue est très-agréable, et qui, dit-on, contenait autrefois les plans de toutes les Chartreuses. Si tous ces tableaux étaient de la grandeur de ceux qui restent, la galerie n'eût pas été assez vaste pour les contenir : il y a aujourd'hui de nombreuses lacunes. On y retrouve avec intérêt dans des vues prises à vol d'o'seau, comme dans les tableaux de Van-der-Meulen, l'aspect et le site de quelques Chartreuses de France, d'Espagne et d'Italie ; mais on regrette que ce travail n'ait pas été confié à de meilleurs artistes, et l'on s'étonne que Rome, Florence, Bologne, Vénise, Ferrare, et autres villes fameuses par leurs écoles de peinture, n'aient fourni que de si médiocres tableaux.

D'après les documens qui m'ont été donnés à la Grande-Chartreuse même, et par conséquent authentiques, le nombre de maisons de cet ordre existantes en Europe au moment de la révolution s'élevait à cent vingt-sept. La France, où il avait pris naissance, et où ses services pour l'agriculture et la conservation des manuscrits avaient été bientôt appréciés, la

France seule en comptait soixante-six. L'Italie, où saint Bruno lui-même avait porté son institut, en avait vingt-six; en y comprenant les cinq maisons érigées en Savoie, qui dans l'origine étaient du royaume de Bourgogne et par conséquent françaises. Seize avaient été fondées en Espagne, et les autres en Allemagne, en Westphalie, en Suisse, en Pologne, en Portugal (1). Cet ordre plus jaloux d'être utile en se cachant que de se propager et de se produire, a toujours fui le séjour des villes, si contraire à l'esprit d'étude et de retraite qui faisait la base de ses réglemens : il a préféré partout des déserts incultes que ses travaux rendaient fertiles aux distractions mondaines des cités; car, même dans le voisinage des grandes villes, il faut chercher les Chartreuses dans les campagnes les plus solitaires et les plus

---

(1) Voyez à la fin de l'ouvrage, note III, la liste de ces maisons, avec la date de leur fondation, et, autant que possible, le nom des fondateurs.

cachées. Sans orgueil et sans ambition, il n'a pas voulu s'étendre dans ces vastes contrées de l'autre hémisphère, où la facilité des établissemens et l'exemple d'autres religieux, dont l'institut à la vérité n'avait pas le même objet, auraient pu l'entraîner. Les Chartreux ne se mêlant point dans la population, avaient des maisons peu nombreuses qui n'occupaient pas dans les villes un espace considérable : ils ne se mêlaient point à la foule de leurs habitans, s'ils n'y étaient appelés par une nécessité indispensable, et l'on ne trouvait pas chez eux cette habitude de prosélytisme, cette ambition d'accroissement toujours nuisible par le relâchement qu'elle apporte, et qui a précipité la ruine des ordres monastiques, en y faisant, dit-on, germer tant d'abus dont les Chartreux ont su se préserver par un judicieux isolement.

Non loin de cette galerie, nous vîmes la bibliothèque. Cette salle a recouvré sa première destination. Les rayons qui l'entourent étaient autrefois chargés de livres précieux, d'éditions rares, de quantité de manuscrits déposés là comme en un lieu sacré par la piété des peuples et la munificence des souverains. Les manuscrits surtout devaient être en grand nombre, la principale occupation de ces solitaires étant d'en multiplier et d'en conserver les copies. Qui pourrait apprécier tous ceux qui ont péri dans les incendies fréquens dont cette maison fut la proie! Ils n'avaient point échappé à ces désastres, puisque après celui de 1676, le supérieur général, Dom Masson, fit apporter ceux qui étaient à la Chartreuse de Portes, l'une des plus anciennes maisons de l'ordre, fondée en Bourgogne en 1115. La révolution a dévoré le reste. Ces richesses ont disparu; il n'est pas même resté de catalogue pour les faire connaître; et portées à Grenoble, elles furent vendues au poids! Quelques-uns de ces manuscrits ont enfin trouvé un asile dans la bibliothèque de cette ville, où leur conservation n'est plus dépendante de la cupidité et du hasard (1). Les Chartreux mettent aujourd'hui une juste importance à les remplacer; chacun d'eux y a versé la petite bibliothèque qu'il s'était faite en vivant dans le monde : le monastère a reçu quelques présens de livres, des legs en ont augmenté le fonds; de telle sorte, que depuis leur rétablissement elle s'est accrue jusqu'à près de quatre mille volumes. Le choix de ces livres se ressent sans doute du goût des donateurs : la partie historique y domine, les livres de voyages et de sciences y sont en moindre nombre; la théologie a besoin d'être complétée; il y a beaucoup de doublures; mais ce sont tous livres de de fonds, en bon état, et tels qu'on en trouve partout : rien de rare, rien de curieux. Dom Bruno s'est chargé du soin de ces livres et de leur arrangement : il y

---

(1) Nous donnerons à la fin du volume une notice des principaux manuscrits provenant de cette bibliothèque conservés dans celle de Grenoble. Plusieurs sont dignes de la curiosité et de l'intérêt du public.

passe tout le temps qu'il peut dérober aux affaires ou qui n'est pas consacré à ses pieux devoirs ; il en ouvre l'entrée aux étrangers avec sa complaisance ordinaire, et il prouve bientôt qu'il est familier avec les auteurs qu'il y rassemble.

On passe de là dans les cloîtres qui constituent vraiment le monastère. Les bâtimens que nous avons vus sont consacrés aux usages mondains et en rapellent le souvenir : ici est placée la barrière que la règle oppose aux mœurs du siècle et qu'elle leur défend de franchir ; c'est le séjour du recueillement et de l'austérité ; tout y parle religion et pénitence. Une double suite de portiques voûtés autour d'un parallélogramme de plus de cent toises de longueur, ou environ deux cent quarante mètres, forme deux enfilades parallèles, en général faiblement éclairées, où la lumière et l'ombre se projettent alternativement sur le pavé dans une succession irrégulière et à longs intervalles. Des jours assez rares ouvrent sur un espace intermédiaire qu'une grande croix indique être le cimetière de la maison. Les inégalités du sol y font reconnaître les tombes les plus récentes, que marquent encore mieux les petites croix plantées sur chacune d'elles. La seule distinction qu'obtiennent les supérieurs généraux dans ce séjour de l'égalité et du néant, est une croix de pierre sur laquelle leur nom est inscrit avec la date de leur mort : les autres n'ont qu'une croix de bois qui laisse bientôt évanouir leur mémoire.

C'est une de ces dernières qui signale la tombe de Dom Moissonnier, celui que nous avons vu revenir le premier dans ce monastère et en ouvrir la porte à ses religieux. Il y vécut seulement onze jours, et comme s'il n'eût plus rien eu à faire dans ce monde après cet entier accomplissement des plus ferventes prières, il mourut le 19 juillet 1816, dans les bras de ses frères, en leur laissant l'exemple d'une vertu persévérante et récompensée. La croix modeste qui protège ses cendres est peut-être celle qu'il portait dans ses mains, lorsque arrivant en ces lieux, dans la joie d'un religieux triomphe, il vit approcher trois de ses frères, portant comme lui cet emblème de pénitence et de salut, et qui, après s'être prosternés devant leur supérieur, le précédèrent les yeux baissés, adorant la toute-puissance de celui dont le royaume n'est pas de ce monde et qui en règle les destinées. Il lui avait été donné de revoir le désert et d'y rappeler ses frères ; que manquait-il à son bonheur ? Il put désirer, comme Siméon, le terme de son existence, et son souhait fut accompli. Il aura bientôt, sans doute, la croix de pierre, comme ses prédécesseurs ; et peut-être, comme eux, il ne la verra pas mutilée, renversée, profanée par les outrages d'une foule impie et sacrilége, qui pourrait oublier encore que Dieu est patient parcequ'il est éternel, et dont les ravages se montrent encore dans cette étroite enceinte. Cette violation des sépultures, caractère le plus hideux de la tourmente révolutionnaire, a porté ses fureurs jusqu'en ces cloîtres déserts. Renverser une croix solitaire, effacer un nom modeste dont nul intérêt ne prenait la défense, voilà les exploits de ces lâches qu'irritait le souvenir de la vertu ! Ils n'ont pu lui ravir sa récompense, et il suffit des débris de leurs forfaits pour les vouer à l'exécration.

Une partie des voûtes de ces cloîtres sont d'une forme gothique parfaitement convenable à la localité : c'est l'ouvrage d'un ancien duc de Bourgogne qui donnait ainsi des preuves de sa piété. C'est tout ce que les flammes ont épargné des anciennes constructions ; le reste, plus moderne, est voûté en arêtes vives et ne produit pas le même effet. Il est fâcheux que dans la reconstruction on n'ait pas suivi l'ancien style, bien plus caractéristique : des voûtes en ogive, dont les pierres noircies par le temps ont autant d'échos que de voussures, sont dans une harmonie plus convenable avec la destination de ces cloîtres, que les cintres modernes qu'on leur a substitué : la couleur blanche de l'enduit est encore un contre-sens. Combien la portion antique présente plus d'intérêt, lorsque, dans l'obscurité de ces vieilles murailles, s'avance avec un saint empressement le solitaire que la cloche appelle au sanctuaire ! Il semble, avec sa robe blanche, un élu qui passe du temps à l'éternité : ses pieds, comme ceux d'un fantôme céleste, ne laissent point de traces sur la pierre ; mais l'écho que le bruit de ses pas réveille, en murmure importuné, et se prolonge lentement avant de s'assoupir encore : la moindre parole, le son le plus léger retentit avec force, et semble en fuyant être emporté par un être invisible. A diverses distances sont ménagées, dans l'embrasure des fenêtres, des fontaines dont la chute continuelle avertit du temps qui s'écoule et ne revient plus.

Elles sont à l'usage des cellules qui sont distribuées au nombre de trente-huit sur le pourtour extérieur de ces dortoirs, et dont on voit les portes de distance en distance. Leurs silencieux habitans n'en sortent que par nécessité, et le seul objet qui frappe leurs regards, celui qui les accompagne dans leur marche, est le lieu destiné à leur sépulture. L'herbe qui croît sur les tombeaux pare à leurs yeux leur dernière demeure ; et méditant sur cette limite du séjour des morts, ils peuvent dire avec une sainte assurance : « Ici sera mon repos ».

Ces cellules, dont chacune renferme un religieux, sont simples, commodes et bien distribuées. Dom Bruno voulut bien nous en montrer une, en nous assurant qu'elles étaient toutes semblables. Il frappa légèrement à la porte qu'ouvrit un vieillard vénérable et serein. Informé de nos intentions par nos excuses, il nous reçut avec une politesse empressée, et nous montra les détails de son habitation. Une première pièce, qui occupe seule la moitié du local, peut être regardée comme le salon de compagnie; deux autres pièces plus petites, et communiquant l'une dans l'autre, servent l'une de chambre à coucher, l'autre de cabinet d'étude et de travail. L'ameublement en est modeste, propre et conforme au goût du propriétaire. Sur les murs blanchis sont de petits tableaux, ou de bonnes gravures de sujets pieux, tels que les chef-d'œuvres de Stella d'après le Poussin; une bibliothèque, une petite horloge, quelques outils pour travailler le bois, la paille ou le carton; le lit fermé comme celui qu'on nous avait donné, et la cheminée indispensable en ce rude climat. Au-dessus de cet appartement est un galetas pour la provision de bois; en dessous, et de plain-pied à un petit jardin, est un bouge servant d'atelier, où l'on fournit au solitaire les outils de l'art qu'il veut exercer.

Jadis les Chartreux se livraient tous à ces distractions nécessaires, et les jolis ouvrages sortis de leur solitude attestent également leur patience et leur adresse. Ce qui reste des boiseries de l'église, travaillées avec tant de délicatesse et de goût, différens meubles échappés au pillage, et entre autres une magnifique console parfaitement profilée, dont la table est une marqueterie de racines précieuses artistement rapprochées, sauvée, non sans danger, du bûcher révolutionnaire qui en a consumé tant d'autres, et qu'on admire aujourd'hui dans la bibliothèque de Grenoble, sont des preuves encore existantes de leur habileté. On conçoit que des ouvriers de cette sorte, pleins de talens et de patience, maîtres de leur temps et de leur travail et n'en attendant pas le salaire, peuvent exécuter des chef-d'œuvres. Chaque religieux trouvait dans sa cellule les outils convenables à ses goûts. Ces outils, la plupart rares et précieux, ont été détruits ou volés; tous ont disparu : il faudrait, pour les remplacer aujourd'hui, faire une dépense considérable à laquelle la maison ne se déciderait que d'après le désir des religieux ; mais la plupart, âgés, faibles, ayant contracté dans le monde, où la tempête politique les avait rejetés, d'autres habitudes et d'autres goûts, ayant aussi perdu par le non-usage toute aptitude à ces ouvrages manuels, ne s'en occupent plus. La lecture, la prière, la culture de leur petit jardin où chacun exerce son empire sans contradiction, suffisent, outre les observances de la maison, à l'emploi de leur temps. On pourvoit à tous leurs besoins ; tranquilles pour l'avenir, sans désir et sans crainte, dans une résignation parfaite et le silence absolu des passions, qui osera se dire plus heureux ? Le bonheur, tel que je le trouve ici, est dans la paix de l'ame, dans la juste satisfaction des besoins, dans l'accomplissement de ses devoirs, l'empire de soi-même, le raisonnable exercice de ses facultés, dans la solitude enfin où l'homme de bien peut se suffire, loin des travers et des ridicules du monde. Le calme, la paix, le bonheur, voilà ce que m'ont offert les cellules de la Grande-Chartreuse. Le front chauve de ces pieux cénobites pourrait-il dérober un souci ? la sérénité de leur ame se peint dans tous leurs traits : l'âge leur imprime son vénérable caractère, sans que la vieillesse en dégrade l'expression ; quelques rides, en petit nombre, sillonnent leur visage et ne le déparent pas : leur corps conservé sain par une vie réglée, laborieuse et frugale, n'est pas courbé vers la terre par de douloureuses infirmités ; ils traversent de longs jours, ils arrivent à leur terme, sans en pressentir l'amertume : une santé ferme et vigoureuse les accompagne jusqu'aux portes du tombeau ; et pour avoir abjuré les passions mondaines, ils en ignorent les déplorables conséquences.

Qu'on attribue, si l'on veut, ce merveilleux effet à la salubrité de l'air, de l'eau, du site ; peu m'importe : j'atteste ce que j'ai vu, et je l'attribue, moi, avec plus de raison, au genre de vie qu'ils ont adopté, au détachement qu'ils s'imposent, à leur solitude intérieure. Une observation irrécusable le prouve : c'est l'aspect de ces religieux, presque tous d'un âge avancé, et qui sont loin d'en porter les marques, comparé à celui des montagards des environs qui, respirant le même air, n'en reçoivent pas les mêmes avantages ; enfin c'est le fait que nous attesta Dom Bruno, que depuis six ans qu'ils étaient réunis, ils n'avaient eu besoin qu'une seule fois des secours de la médecine.

En nous recevant dans sa propre cellule, Dom Bruno nous montra qu'elles se ressemblent toutes, et que, dans le désintéressement dont ces religieux font profession, il n'y a d'inégalité que dans le fardeau des soins dont les supérieurs sont chargés. Ceux-ci sont assez nombreux dans chaque monastère, et leur nom indique leurs fonctions. Après le supérieur général de l'ordre qui est unique et dans un rang à part, le prieur est le premier supérieur de la maison; le vicaire le remplace en cas d'absence, de maladie, ou par délégation; le procureur est chargé des affaires extérieures avec l'assistance du coadjuteur; enfin le sacristain veille à tout ce qui concerne l'office divin et préside à la sacristie. Dans quelques Chartreuses, et surtout à la maison chef-d'ordre, un officier, sous le nom de Dom courrier, surveillait les ateliers établis hors de l'enceinte, dans un lieu appelé *la Courrerie*. Ces charges sont électives et ne dispensent d'aucun des devoirs de la règle. Le supérieur général lui-même, qui gouverne en monarque l'ordre entier, assiste à tous les offices, sans autre distinction qu'une place déterminée, et se soumet à la règle comme le dernier novice.

On remarque cependant dans le gouvernement de cet ordre un singulier mélange de monarchie et de république, qui l'a sans doute consolidé et qui peut encore contribuer à le maintenir, tant qu'il aura la sagesse de se contenir dans des bornes étroites, mais qui le perdrait infailliblement s'il prenait un accroissement trop illimité. Les supérieurs et le général lui-même sont révocables au gré du chapitre général qui se rassemble chaque année. Cette assemblée suprême se compose des prieurs de chaque maison et d'un visiteur de chaque province (1); mais trop nombreuse, elle nomme des électeurs, qui nomment à leur tour huit définiteurs, lesquels, sous la présidence du général, règlent toutes les affaires. La principale est l'examen de la gestion des prieurs, qui sont tenus à cet effet de donner chaque année leur démission, ce qu'on appelle dans l'ordre *demander miséricorde*.

(1) La division par provinces est, pour la France, conforme à l'ancienne dénomination du territoire. Elle forme sept sections qu'on appelle provinces de France sur Seine, de France sur Loire, de Picardie, de Bourgogne, d'Aquitaine, de Provence et de Chartreuse.

Le général lui-même n'en est pas dispensé, et tous doivent chaque année recevoir leur confirmation. Cet ordre de choses ne peut convenir qu'avec le maintien d'une discipline sévère, facile à conserver dans un corps peu nombreux ; mais si, perdant la modeste humilité qui le distingue, le Chartreux, distrait par les passions dont le froc n'est pas toujours exempt, écoutait leur voix tumultueuse, les liens de la discipline relâchés, perdant leur force en rencontrant des obstacles, l'anarchie aurait bientôt pris la place de l'ordre, et cette règle établie pour conserver deviendrait une cause de destruction. Ils ont donc sagement fait de ne pas se répandre, et l'exemple de ceux qui se sont perdus en s'éloignant de leur institut doit les préserver des pernicieux conseils de l'ambition.

J'ai dit que le supérieur général résidant à la Grande-Chartreuse, gouverne l'ordre entier dont il est en quelque sorte le monarque, et que rien ne le distingue des autres religieux ; il a cependant un appartement particulier beaucoup plus vaste que les autres. Mais qu'on réfléchisse que son autorité ne se borne pas à l'enceinte de ce monastère ; qu'elle s'étend sur toute l'Europe catholique où ses subordonnés sont nombreux, riches et considérés, et qu'il est des souverains dont le pouvoir a de moindres limites. Eh bien! Dom Sorel, succédant à Dom Moissonnier, comme dans la primitive église saint Lin succédait à saint Pierre, après quatre-vingt-deux ans de vertus, n'est encore qu'un simple religieux qui ne se distingue de ses frères que par son humilité profonde!... Supposons qu'il fût revêtu de la pourpre romaine à laquelle il a droit comme chef d'ordre, et qu'il a refusée peut-être à l'exemple d'un grand nombre de ses prédécesseurs; supposons seulement qu'exerçant les fonctions épiscopales il fût entouré de cette pompe qui attache et séduit le vulgaire; les peuples prosternés lui rendraient avec raison de respectueux honneurs.

Insensés ! ne faut-il donc que frapper vos yeux par une vaine représentation ? N'accorderez-vous jamais qu'à la puissance l'hommage que vous devez à la vertu ?.... Nous n'eûmes pas l'indiscrétion d'entrer dans son appartement : il nous entendit dans le vestibule, et nous voyant avec Dom coadjuteur, il nous fit de sa porte un salut gracieux.

Pendant cette intéressante visite dans la maison, le ciel se couvrait de nuages, et des brouillards épais environnant la cime des montagnes ne tardèrent pas à se dissoudre en pluie. Nous voulions voir les alentours, et profitant d'un intervalle, nous montâmes vers un petit belvédère construit en face du monastère sur le penchant de la montagne opposée. Cette montagne, qui est fort rapprochée des murs de l'enclos, est tellement couverte de bois, qu'on n'aperçoit, même vers le sommet, aucune partie de rochers. Elle n'est cependant pas moins escarpée que les autres, et malgré les arbres qui y croissent en abondance, il serait très-difficile de la gravir de front; de sorte que le belvédère placé à mi-côte, ainsi que le chemin qui y conduit par un détour d'une pente insensible, dominent immédiatement tous les bâtimens qui se développent sous vos yeux. Ce chemin commence près de la porte principale, par une allée pouvant servir de jeu de boules, composée de frênes, de sycomores, d'érables, de hêtres, arbres d'une haute antiquité, dont la verdure et le feuillage marient agréablement leurs formes et leurs teintes diverses, et qui, croissant en liberté, se montrent là dans leur véritable caractère.

Du belvédère, dont on a dégagé la vue en abattant quelques arbres, on peut juger de l'ensemble du monastère, jouir du nombre et de la variété de ses toits, de la diversité, de l'étendue de ses différens corps de bâtimens. De là on voit parfaitement l'entrée principale, la grande cour avec ses deux bassins, le logement des étrangers qui en fait le principal ornement, les cellules séparées des officiers de la maison, enfin l'appartement et les jardins du supérieur général. L'église et plusieurs clochers s'élèvent avec grâce au-dessus de ces bâtimens, et donnent à l'aspect total une variété singulière. Le grand cloître des religieux est la seule partie du monastère qu'on n'aperçoive pas de cet endroit : il se cache derrière les demeures des dignitaires, comme pour exprimer la modeste retenue de ses habitans.

A l'aspect de ces constructions inégales, dont l'ensemble porte le caractère d'une pensée unique, on ne peut se défendre de chercher les motifs de cette bizarre diversité. Pourquoi, en effet, tous ces logemens ne sont-ils pas distribués dans un même bâtiment et sous un toit commun ? pourquoi cette réunion de cellules dont chacune est une habitation indépendante et séparée ? Cette construction particulière aux

Chartreuses tient sans doute à quelque loi particulière de cet ordre. Notre guide nous en donna la raison : « En quittant
» le monde, nous dit-il, saint Bruno avait
» fait sa seule affaire de la prière et de la
» contemplation; il avait fui tout ce qui
» pouvait l'en distraire. Ses premiers com-
» pagnons, ceux que le bruit de ses vertus
» attira près de lui, partagèrent cet amour
» de la solitude, et s'en firent une règle
» fondamentale : ils se bâtirent dans le
» désert, que nous visiterons bientôt,
» quelques cabanes isolées, d'où ils ne
» communiquaient ensemble qu'aux heu-
» res de la prière. Bientôt leur nombre
» s'accrût au point de les contraindre à
» chercher un lieu plus vaste et plus
» commode; déjà même plusieurs d'en-
» tre eux avaient été victimes de la chute
» des avalanches ou de celle des rochers
» trop voisins : ils choisirent donc le lieu
» où est aujourd'hui le monastère, peu
» éloigné de leur première station, et
» moins exposé à ces accidens. Mais,

» conservant leurs anciennes habitudes,
» ils se firent des habitations séparées,
» quoique liées par un dortoir commun,
» et cette disposition devint le type de
» toutes les Chartreuses bâties dans le
» même esprit et sur le même modèle ».
Cette construction singulière tient donc aux premières habitudes de l'ordre, aux règles qu'il s'est imposées : elle annonce et confirme une de ses principales obligations, celle d'une retraite absolue. Les Chartreux, en effet, sont anachorètes, et non pas cénobites (1); ils ne vivent point en commun et ne sont réunis qu'à l'église. Dans les premiers temps, ils étaient deux dans chaque cellule, et recevaient, chaque dimanche, en farine et en légumes, la provision de la semaine

---

(1) En faveur des lecteurs peu familiarisés avec ces sortes de distinctions, je crois devoir rapporter celle que fait le dictionnaire de l'académie : « *Anachorète*, ermite, moine qui vit dans un désert. » Il se dit par opposition aux moines qui vivent » en commun et qu'on appelle *cénobites* ».

entière. Maintenant on dépose, une fois le jour, dans l'épaisseur d'une petite ouverture pratiquée à cet effet à côté de leur porte, la nouriture qui leur est destinée : ils en usent comme bon leur semble, sans se permettre aucune déviation de la règle, sans avoir aucune communication avec celui qui les sert, sans le voir, sans lui parler, à moins d'une nécessité absolue. C'est ce qui donne à ces monastères cette forme particulière, source féconde d'effets pittoresques qu'on chercherait vainement ailleurs.

Nous en jouîmes à loisir pendant plus d'une heure que dura la pluie qui nous surprit au belvédère ; elle fut orageuse, et ses intermittences étaient marquées par les éclats du tonnerre qui, bien qu'éloigné, roulait dans ces montagnes avec plus d'intensité. Du fond des vallées, du milieu des bois, sortaient avec lenteur des brouillards légers dont la forme inconstante variait sans cesse au souffle des vents, qui souvent les poussaient en sens contraire, les divisaient, les confondaient, les déchiraient de toutes parts. Les uns se mêlaient aux nuages qui couvraient l'horison ; d'autres s'attachaient au sommet des montagnes et y flottaient suspendus ; et d'autres nous cachant le pied des rochers, nous les montraient au-dessus d'eux comme une décoration magique, et nous transportaient nous-mêmes dans un pays enchanté.

Sur leur cime la plus élevée, appelée par cette raison le *grand som* ou le grand sommet, avait été plantée jadis, comme sur un immense piédestal, une grande croix qui, planant sans obstacle sur ces rocs perpendiculaires, dominait immédiatement le monastère, les vallons qui l'entourent, et semblait protéger ces déserts comme la seule puissance dont ils dussent reconnaître l'empire. Par une fatale concordance avec les événemens de notre siècle, cette croix, consumée sans doute par le temps, avait disparu de ces lieux où son règne était passé. Les nouveaux Chartreux se sont hâtés de la replacer sur son trône. Bénie par monseigneur l'évêque de Grenoble, le 14 septembre 1821, jour où l'église célèbre l'exaltation de la croix, elle fut reportée, non sans peine et sans danger, par ces lieux impratiqués et déjà blanchis de la première neige, à la place qu'elle avait si long-temps occupée, et d'où elle annonce encore paix, indulgence et bonheur. En ce moment, entourée de nuages, sa vue produisait un effet merveilleux : elle semblait se mouvoir au milieu de ces vapeurs mobiles, descendre des cieux et s'approcher des hommes. Aucun objet intermédiaire ne la liait avec la terre ; elle en était absolument détachée, et se montrait entourée de prodiges. C'était vraiment un signe céleste apparaissant aux habitans de la solitude pour ranimer leur ferveur et leur présager la victoire. Les feux rapides des éclairs, le roulement formidable du tonnerre, ses éclats répétés par l'écho des montagnes qu'ils ébranlaient jusqu'en leurs fondemens ; tout donnait à ce spectacle une majesté imposante et terrible, et jamais en d'autres lieux peut-être la croix triomphante ne parut environnée de plus de grandeur, de puissance et de gloire.

Peu à peu les brouillards s'élevèrent ; cet admirable prestige disparut : un voile grisâtre couvrit l'horison, et la nature muette sembla méditer en silence sur cette grande apparition.

Nous revînmes lentement au monastère, où l'heure du dîner nous rappelait. La pluie avait cessé, mais cette fraîcheur qu'elle répand sur la verdure redoublait l'intérêt de ces vastes campagnes. L'herbe languissante des prairies, le tapis émaillé des pâturages, semblaient briller d'une couleur nouvelle ; l'orme et le hêtre secouaient alternativement leur feuillage au passage léger du zéphir, et le frémissement du sapin dégageait sa chevelure altière de l'abondante rosée qui la surcharge. Déjà le ciel, silencieux et sombre, rassemblait les vapeurs à une hauteur moyenne : enveloppant d'un voile humide les flancs irréguliers des montagnes, couvrant leur pied d'une ombre uniforme et douce, et cachant leur tête d'un épais bandeau, il ne répandait plus qu'une lumière affaiblie; le jour était prêt à s'éteindre; les vallons éloignés, envahis par l'obscurité, paraissaient exhaler et produire la nuit, et le repos universel succédait à l'orage, comme la lassitude au travail.

Le lendemain fut un jour de dimanche. Dès le matin, la maison se remplit d'une foule de bûcherons, de charbonniers, d'ouvriers de toute espèce employés par les Chartreux, par le gouvernement, ou habitans inconnus de ces montagnes. Ces gens-là n'avaient rien de plus grossier que nos campagnards; ils avaient même des habitudes de civilité qu'on ne trouve pas toujours ailleurs; partout où ils rencontrent des étrangers, ils les saluent, répondent avec précision et modestie aux questions qu'on leur adresse, se montrent assidus et attentifs aux exercices religieux, même au milieu de leurs travaux, quand la cloche leur en donne le signal; ils ont enfin cette sorte d'éducation, fruit de l'exemple plutôt que des leçons, souvent plus rare en des pays plus habités. Quelques-uns des plus jeunes jouaient dans la grande cour d'une manière assez bruyante, que le frère portier souffrait avec beaucoup de tolérance.

L'heure de la messe étant arrivée, chacun se rendit à la chapelle. Nous y prîmes la même place que le jour précédent; la foule resta hors du chœur, où les frères étaient aussi rassemblés. Je remarquai en ces derniers un changement de costume : la veille, et sans doute chaque jour ouvrier, ils étaient vêtus d'une robe brune; les jours de fête, elle est blanche comme celle des pères, et n'a de différence que dans la forme du scapulaire qui est plus court et plus arrondi. Les cérémonies de l'église furent à peu près les mêmes que le jour précédent ; mais j'y portai un œil plus attentif, et ayant remarqué quelques différences, je crois devoir les consigner ici.

La cloche qui rassemble les religieux est sonnée successivement par plusieurs des pères, à mesure qu'ils arrivent au chœur. Ils prennent leur place après une adoration, et y demeurent en silence jusqu'à l'heure de l'office. Dès qu'elle se fait entendre, un des plus jeunes, qui doit avoir la qualité de sous-diacre, vient au pupitre, et récite une litanie que le chœur répond en psalmodiant à demi-voix. Cependant le prêtre s'habille à l'autel et commence la messe, assisté d'un seul diacre revêtu d'un large manteau en serge blanche. Le *Confiteor* diffère de la prière commune (1). L'épitre

---

(1) Le voici tel qu'il m'a été dicté par un ancien Chartreux : *Confiteor Deo, et tibi, ô piissima Dei*

est chantée au pupitre par le sous-diacre qui a dit les litanies, et l'évangile est lu par le diacre assistant qui, pour cette fonction seulement, est ceint d'une étole que le prêtre lui aide à revêtir : pendant ce temps, le prêtre lui-même est assis et couvert. Le *Gloria* et le *Credo* sont chantés par le chœur entier et non par versets alternatifs. Après l'élévation de l'hostie et pendant la communion, les religieux se prosternent en se couchant à terre sur le côté droit. Le prêtre n'élève pas le calice. La messe se termine à l'*Ite missa est*, sans ajouter la bénédiction, ni le dernier évangile. Au moment ordinaire, trois novices, distingués par un large manteau noir sur leur robe blanche, et seize frères, entourèrent respectueusement l'autel et y reçurent la communion. Je vis, non sans

genitrix, et vobis omnes sancti ; quia peccavi nimis, meâ culpâ, per superbiam, cogitatione, locutione, opere et omissione. Precor te, ô piissima Dei genitrix, et vos omnes sancti, orate pro me.

surprise, qu'ils la prenaient sous les deux espèces : après avoir reçu l'hostie, une coupe passait de bouche en bouche, et cet usage, auquel l'église catholique romaine a renoncé depuis long-temps, s'est perpétué dans cet ordre. Je remarquai aussi que la formule de la communion était celle-ci : *Corpus Domini custodiat te* ; et qu'ils avaient pour le latin une prononciation particulière conservée en Allemagne et en Italie, disant *agnus, dignus, regnum*, comme nous disons *agneau, digne, règne*.

Je ne me permettrai pas de jeter un regard scrutateur sur des pratiques que je dois respecter : mais je ne puis m'empêcher de faire observer ici cette aptitude des corps à conserver les anciens usages. Il n'en est point, sans doute, qui dans le principe ait cherché à se singulariser par la conduite ou par les vêtemens ; tous au contraire, en obéissant aux idées de leur siècle, avaient adopté le costume des classes indigentes parmi lesquelles ils se rangeaient par un vœu spécial; tous, en abjurant le monde, ses richesses, ses plaisirs, embrassaient véritablement la pauvreté, en faisant dépendre leur subsistance du travail de leurs mains. Beaucoup d'entre eux faisaient à cet égard les plus grands sacrifices. Les Chartreux, amis de la solitude où ils défrichaient en silence quelques petits jardins, auraient-ils cherché les regards des hommes, lorsque leur première obligation était de s'y soustraire ? Mais qu'on ne s'étonne pas de la différence qui est aujourd'hui entre leur costume, leurs usages, et ceux des gens du monde; ces derniers seuls ont changé, en se pliant sans scrupule aux caprices successifs de la mode; tandis que les premiers, l'ignorant ou la dédaignant, sont demeurés dans le cercle que leur règle leur a d'abord tracé.

On sait que la cuculle, le capuchon, le scapulaire, ces vêtemens si simples, si commodes, que le non-usage nous fait trouver si bizarres, quoiqu'ils ne manquent pas d'élégance, étaient ceux de la haute antiquité. Leur nom seul décèle leur origine, et le *bardocucullus*, ou manteau à capuchon des anciens Gaulois, qui est le type très-peu défiguré de celui des religieux, se porte encore en sa forme primitive dans les montagnes du Vivarais. On l'y retrouve tel que l'antiquité nous l'a légué dans les statues drapées du Thélesphore qui accompagne souvent les figures d'Esculape ; tel que quelques statues gauloises rapportées par Montfaucon (1) nous le représentent, ainsi que les médailles des Ségusiens, ancien peuple du Dauphiné.

« Les Romains, dit cet auteur, se ser-
» vaient, pour se garantir des injures des
» saisons, du *cucullus*, espèce de capuchon
» semblable au capuchon des moines. Il
» était ordinairement attaché à la *lacerne*
» ou au *birrhus*, habits de campagne. Le
» nom et l'usage du *cucullus* venaient des

(1) Antiquité expliquée, tom. I, p. 291, et t. III, p. 89.

» Gaulois..... La cuculle était encore en
» usage chez les villageois et à la campa-
» gne. Spon nous a donné un bas-relief
» où nous voyons des paysans cueillir des
» olives avec des cuculles ou des capuchons
» qui leur couvrent la tête et les épaules ».

« La cuculle, dit cet auteur (1), qui
» devint en usage chez les Romains, était
» venue des Gaules. On croit que ce mot
» était originairement gaulois. C'était une
» espèce de cape qui avait un capuchon ».
Il rappelle ensuite ce vers si connu de
Juvenal :

Si nocturnus adulter,
Tempora santonico velas adoperta cucullo ;

et ceux où Martial menace si plaisamment
son livre de devenir un cornet d'épices,
qu'il nomme *Cucullus*.

Vel thuris, piperis que sis cucullus.

Ce costume commode et chaud fut
conservé par le peuple, comme il conserve

(1) Antiquité expliquée, tom. III, p. 90.

encore dans nos provinces méridionales la *blaude* ou *blouse* qui est d'origine gauloise, et dont la forme antique n'est aucunement altérée. Une robe grossière, ceinte d'une corde, recouverte, dans les temps froids, d'un manteau à capuchon, tel fut le costume des gens de campagne jusqu'au treizième siècle : j'ai vu à Florence un éventail de cette date, très-précieux pour ses miniatures, où le peintre avait représenté, entre autres, la fable de Mercure tentant la discrétion de Battus; ce berger, une houlette à la main, était vêtu en capucin. Le costume des religieux, leur longue robe, leur capuchon, n'ont donc rien qui doive nous surprendre : c'était l'habit des anciens, c'était l'habit des pauvres : est-il étonnant de le trouver chez des hommes qui ont fait vœu de pauvreté, et que n'ont jamais atteint les vicissitudes de la mode ? Il en est de même de tous leurs usages, et c'est ce qui nous les fait souvent paraître étranges : les nôtres valent-ils mieux ? on le prouverait difficilement. Mais sans avoir pour l'antiquité une vénération superstitieuse qui nous fermerait les yeux sur beaucoup d'améliorations des temps modernes, gardons-nous d'effacer les derniers vestiges qui nous en restent dans le costume religieux (1).

Il me paraît donc démontré que cette différence de vêtemens et de coutumes entre le monde et le cloître s'est établie

(1) Je pourrais citer une cérémonie payenne conservée par la tradition, et encore en usage surtout à Valence. Chaque dimanche du mois de mai, les jeunes filles habillent de leur mieux l'une d'entre elles, la couronnent de fleurs, l'entourent de feuillages, et tandis qu'elle demeure assise sur une estrade élevée couverte de tapis, ses compagnes présentent des fleurs aux passans. Cette petite personne prend alors le nom de *Maye de Crée*, qui est évidemment le Μαῖα τῶν κρεῶν des Grecs, *la nourrice des vivans*, la nature dans sa jeunesse et sa parure, dont les anciens célébraient alors la fête. Ce souvenir est d'autant plus précieux à conserver, qu'il s'abolit sensiblement, et que dans peu d'années peut-être il n'en restera plus de traces.

par un attachement raisonnable aux pratiques adoptées, et non pas, comme des gens superficiels osent quelquefois le dire, par une folle envie de se singulariser. Trouve-t-on mauvais que le soldat ait son uniforme différent de l'habit ordinaire? l'habit sacerdotal n'établit-il pas une honorable distinction pour ceux qui le portent? chaque ordre dans l'état n'a-t-il pas son costume particulier ou ses marques distinctives? et les magistrats sont-ils ridicules, dont la longue toge et les larges manches sont l'habit carthaginois?

Nous avions encore un lieu intéressant à visiter, celui où saint Bruno fixa jadis sa résidence ; lieu consacré par une longue et constante tradition, lieu tout plein encore des souvenirs de ce saint personnage, et qu'aucun voyageur ne saurait omettre, s'il ne veut avoir fait un voyage incomplet. La pluie, plus forte que la veille, nous contraria long-temps : pour en attendre la fin, nous allâmes revoir les tableaux de la salle capitulaire; nous fûmes surpris d'y trouver nombreuse compagnie. La plupart des pères s'y étaient rendus en sortant de l'église, et, profitant de la liberté du dimanche, formaient différens groupes et conversaient ensemble; ils nous reçurent avec aisance et politesse, et nous firent passer une heure agréable. Le caractère particulier de leur entretien est un naturel, un abandon qu'on trouve rarement dans le monde, et tels qu'ils doivent être chez des hommes qui n'ont rien à découvrir dans les autres, et rien à leur cacher.

On s'imagine communément qu'en revêtant l'habit de son ordre, le Chartreux se condamne à un silence perpétuel : c'est une erreur. Le recueillement et la prière sont les premiers devoirs qu'il s'impose; il doit éviter les occasions qui pourraient l'en distraire ; mais la règle , quoique sévère à cet égard , se conformant aux conseils de la raison, permet à certains jours une communication nécessaire. Les dimanches et les jours de fête sont des jours privilégiés. Souvent plusieurs fois la semaine, la communauté tout entière se disperse dans les bois, et y jouit d'une douce et décente liberté. Ces promenades se nomment *spaciemens*, et les conversations *colloques*, noms dont la physionomie indiquant l'antique origine, est une nouvelle preuve de leur respect pour les anciens usages, et des habitudes que le temps ne saurait altérer. Ils se fréquentent assez pour se connaître et s'aimer, et jamais des intérêts opposés ne peuvent mettre en eux aucune divergence : le calme de leur ame s'étend à toutes leurs relations ; une bienveillance mutuelle ne s'éloigne jamais ni de leur cœur ni de leur bouche ; l'âpre contrariété ne l'a jamais effarouchée, et il n'est pas d'exemple que l'autorité des supérieurs ait été obligée de la rappeler : c'est le séjour de l'union, de la concorde et de la paix.

Mais le temps s'éclaircit, et nous en

profitâmes pour voir le fond du désert. Non loin de la principale porte du monastère, sont quelques constructions d'une forme pittoresque, telles qu'une scie et ses aqueducs entourés de grands arbres, le logement de quelques ouvriers et l'infirmerie, sorte de lazaret destiné aux femmes que la curiosité y attire et qui ne sont jamais admises dans l'intérieur, comme les hommes sont à leur tour exclus des couvens de femmes. Nous avançâmes quelques pas dans une vaste prairie qui entoure le monastère, et dont la forme irrégulière donne de l'agrément au paysage : ses bords étaient parsemés de grandes gentianes à feuilles de plantain, fleur qui par ce caractère, ainsi que par sa tige élevée et son port général, ressemble beaucoup au phlomis tubéreux, indigène de la Sibérie, qui se mêlait ici à toutes les productions naturelles des hautes latitudes. Les fleurs labiées de cette plante, d'un jaune safran, au sommet d'une haute tige, étaient déjà trop passées pour faire jouir de sa beauté. Guidés par un enfant dans un chemin assez escarpé, couvert d'arbres magnifiques dont les branches croisées d'un bord à l'autre formaient sur notre tête le plus agréable berceau, nous avions à nos pieds un canal irrégulier, dont le rapide courant faisant mouvoir les usines que nous venions de quitter, sortait à mi-côte d'une vaste écluse formée des eaux supérieures, et dont la tranquille surface refléchissait les bois superbes d'alentour.

Marchant encore sous leur ombre épaisse, une vive lumière attira nos regards sur une plage découverte où la plus fraîche pelouse se colorait des rayons du soleil. Tout à coup la vue est agréablement frappée d'une petite chapelle, au style simple et agreste, dont la construction est en harmonie parfaite avec le site : c'est un carré long, couvert d'un toit à double pente, surmonté d'une petite croix. Mais on lui a donné un péristyle plus orné, composé de quelques colonnes en bois de huit à dix pieds de hauteur, soutenant un avant-toit qui abrite la porte; un corps avancé se prolonge, porté aussi par deux colonnes semblables. L'ensemble général en est très-gràcieux. La couleur blanche de ces colones et de la charpente, celle des murs nouvellement réparés, celle du toit, où des éclisses de sapin remplaçant l'ardoise, se détachent sur la sombre verdure qui fait le fond du tableau, tout, dans cette jolie chapelle, contraste admirablement avec l'aspect sauvage de ces lieux; ce caractère agreste est surtout remarquable dans la terrasse irrégulière sur laquelle elle est bâtie, parsemée de longues plantes, de pointes de rocher, et de tertres bizarres qui se perdent à gauche dans un ravin profond : on y voit de beaux sapins, quelques mélèzes, un petit nombre de hêtres venus ou conservés au hasard. Le déchirement du sol et le sentier peu frayé qui le traverse, en font un lieu pittoresque et charmant. Sur ce tapis varié brillent quelques fougères, beaucoup de gentianes de la plus grande espèce, et une digitale à fleurs jaunes assez fréquente dans ces bois et plus abondante en ce lieu. Devant la chapelle est une petite hutte qui a dû servir jadis de logement à son gardien : aujourd'hui personne n'y demeure, mais on vous en confie la clef ; vous y trouvez celle de la chapelle, dans laquelle est déposée celle de l'hermitage situé plus loin, et au retour vous les replacez dans le même ordre.

Cette chapelle, dédiée à la Vierge, fut érigée en 1440 par François de Marême, un des généraux de l'ordre ; quoique récemment réparée, elle conserve à l'intérieur le caractère du temps de sa construction. Sur la porte, un petit bas-relief représentant des anges en adoration devant une madone, dans le bon style de ce siècle, a été mutilé par le vandalisme moderne; mais l'intérieur paraît avoir moins souffert. Sa voûte, formée par trois plans en cône tronqué, est peinte du plus bel outremer de l'azur le plus vif, et parsemée des chiffres en or de la sainte patrone; les murailles sont peintes à fresque en cartouches d'assez bon goût, dont chacun renferme une des louanges de la Vierge prise dans ses litanies; idée heureuse et féconde, qui remplit du nom de cette sainte protectrice de l'ordre le premier oratoire qui lui fut consacré dans ces bois. Au-dessous règnent une boiserie et un banc aussi anciens que la chapelle; enfin l'autel est propre et de bon goût, l'ensemble est d'un effet agréable.

Cette chapelle consacre le lieu autour duquel les premiers disciples de saint Bruno établirent leurs cabanes, très-proche de celui où il avait lui-même placé la sienne. Cette tradition, confirmée par les nombreux monumens dont ces lieux sont remplis, trouve une preuve nouvelle dans le nom donné à cette chapelle de Notre Dame des Cabanes, *sacellum beatæ Mariæ à Casalibus*. Conservée avec soin par le respect des Chartreux pour la mémoire de leur fondateur et du premier berceau de l'ordre, elle est encore l'objet de leur vénération, et souvent ils viennent la visiter. C'est là qu'ils disent la messe pour les femmes, qui ne peuvent entrer dans l'église du monastère. Nous y vîmes arriver, pour cet objet, l'un de ces pieux cénobites, vieillard vénérable, dont le pas grave et mesuré par la prière était soutenu par un bâton. Je vois encore sa tête chauve et son large vêtement blanc se détacher sur l'ombre épaisse des forêts : assisté d'un jeune domestique de la maison et suivi de trois villageoises que la piété attirait à cette chapelle solitaire, sa voix fervente y soupirait seule le murmure de l'oraison, et le recueillement y répondait dans un profond silence.

Dans leurs spaciemens ou promenades communes, les Chartreux y dirigent souvent leurs pas : ils viennent s'édifier du souvenir de leurs prédécesseurs; et alors cette solitude doit paraître, comme dans les anciens jours, peuplée d'hommes graves et pieux, occupés d'études et de prières. La chapelle surtout semble avoir repris sa destination primitive : après avoir prié dans son enceinte, ils se dispersent à l'entour, se livrent à la lecture ou à la méditation, conversent assis près d'un ruisseau serpentant à gauche sur les rochers, s'enfoncent dans les bois de sapins qui bornent la vue de toutes parts, ou suivent le chemin qui conduit aux dernières limites du désert.

Encore quelques pas et nous y touchons. C'est ici que saint Bruno mit un terme à sa course; ici, il se crut assez loin du monde pour n'en être pas importuné; ici, il espéra vainement en être oublié. La tranquille majesté de ces lieux se trouva en harmonie avec la candeur de son ame; il se sentit la douce liberté de bien faire selon le vœu de sa conscience, de vivre heureux sans encourir le blâme et la folle dérision des hommes; il put dédaigner leur malice hypocrite, leurs jugemens iniques, leur cruelle ingratitude, leur envieux dénigrement ; il fut à l'abri de leurs perfidies, de leurs sarcasmes, de leurs vengeances ; il perdit de vue le spectacle affligeant et funeste de leurs misérables passions. Bientôt il vit accourir auprès de lui tous ceux qui, détrompés du monde, obéissant à une sainte horreur, purent briser des liens trop souvent indissolubles. Que d'infortunés vinrent partager son réfuge ! Il leur tendit les bras, sécha leurs larmes ; il leur apprit par son exemple la résignation, leur montra dans le ciel un autre but de leurs espérances, un dédommagement éternel à des sacrifices passagers ; et ces lieux devinrent la demeure de tous ceux pour qui la paix de l'ame est le premier des biens.

Ils sont encore remplis de ces imposans souvenirs : voilà la roche sur laquelle le saint solitaire avait placé sa modeste cabane ; la piété de ses enfans y jeta les fondemens d'une chapelle où son nom est encore honoré. Mais c'est ici, sous cette croix qu'il a plantée lui-même, à l'ombre de cette roche nue et grisâtre, de ces sapins vénérables, antique abri de sa demeure; c'est sur ce tertre couvert d'une herbe épaisse que par ses discours il formait ses disciples au salutaire exercice de la pénitence. Là s'appuyait le frêle soutien de son toit; là paraît encore, creusé dans la pierre, le siége agreste d'où il prononçait ses paternelles exhortations; là, les premiers rayons du jour le surprenaient en prière, et la nuit survenant l'y retrouvait encore. Voici la fontaine où il se désaltérait, la place du petit jardin qu'il cultivait de ses mains, la retraite préférée où, le front dans la poussière, il s'humiliait devant Dieu, les lieux où mille fois il s'arrêta dans une ravissante contemplation. On cherche les vestiges de ses pas; il semble qu'on doive l'y rencontrer encore, promenant en silence avec ses pieux compagnons de douces et consolantes méditations. Pourquoi ne les voit-on pas descendre du haut de ces roches, et venir à pas lents s'asseoir sous ces ombrages?

Mais on les y voit en effet, lorsque dans ses promenades hebdomadaires la communauté se dirige vers cette partie du désert. Une joie grave et décente accompagne leur marche et préside à leurs entretiens. Là, par un accord vraiment fraternel, toutes les supériorités s'effacent ; la vieillesse y conserve le droit de parler de son expérience, et le privilége d'être écoutée avec respect. Là, les pratiques religieuses ne sont pas un ridicule, parce qu'elles sont générales et sans hypocrisie ; les discours édifians produisent leur effet, parce que la foi qui les profère est égale à celle qui les écoute ; la liberté du bien n'y trouve aucune gêne. Là, chacun peut, sans encourir le blâme, adorer Dieu, saluer une croix, ou prier en public. La bienveillance est dans les cœurs et la sagesse dans les bouches ; parce qu'une grande pensée, puisée hors des limites d'un monde périssable, répand sur tous les discours l'empreinte solennelle de son auguste caractère.

Ainsi ce désert, déjà si beau par lui-même, s'embellit encore des souvenirs dont il est rempli. Sur la pointe la plus abrupte du rocher, celle qui domine la naissance du ravin, au milieu des sapins antiques qui y poussent leurs racines, une croix de bois indique le lieu où fut la cabane du saint. Sur ce rocher est une vieille chapelle nouvellement réparée dont l'effet pittoresque est admirable : on y monte par une rampe douce, au pied de laquelle est une fontaine abondante, coulant par deux ouvertures qui, sans doute, ont un réservoir commun. Cette fontaine est abritée par une petite voûte ; on aimerait mieux la voir à découvert. Une tradition pieuse, long-temps acréditée, lui donnait jadis une origine miraculeuse. Certes, une fontaine en cet endroit n'a rien de merveilleux ; il est probable que sa rencontre fixa les pas du saint solitaire. Je rapporte cette tradition, ainsi que celle beaucoup plus vraisemblable du songe de saint Hugues qui vit des anges bâtir en cet endroit un oratoire.

Dès les premiers jours de l'ordre, le saint fondateur avait érigé sur ce rocher une croix et un autel couvert d'un toit rustique. Pendant plusieurs siècles, les Chartreux conservèrent ces vénérables monumens avec un respect religieux ; mais les voyant presque consumés par le temps, un disciple de saint Bruno, Jacques de Merly, alors évêque de Toulon, les environna d'une chapelle, en 1640, et les conserva intacts jusqu'à ces derniers temps. Une inscription peinte dans cette chapelle sur un mortier fragile, et qui, par l'importance des faits et l'authenticité des dates, mériterait d'être gravée sur le marbre et conservée à la postérité, nous apprend qu'elle fut réparée, ainsi que celle de la Vierge, en 1820, par les libéralités de S. A. R. Monseigneur le duc d'Angoulême, qui, visitant ces déserts, y laissa des marques de sa piété. Voici cette inscription copiée exactement et dans la forme de ses lignes :

HIC INCIPIT ORDO CARTUSIENSIS ANNO Domini MILLESIMO OCTOGESIMO QUARTO

R. D. D. JACOBUS de MERLY illustrissimus Tolonensium antistes ad ordinis Cartusiensis initia grata recordatione recolenda, antiqui S.^{ti} BRUNONIS sacellum hic constructum augustiore æde sacra circumplexus est circa annum MDCXXXX.

Altare prædicti sacelli, nuper excisi, huc usque ab initio ordinis immotum perseverasse creditur, instructuque ligneo ac picturato adornatum fuit anno Domini MDCCCXX liberalitate Principum qui hunc locum sicut et sacellum B. M. a Casalibus suis expensis instaurari voluerunt. (1)

---

(1) On peut la traduire ainsi : « Ici commença
» l'ordre des Chartreux, l'an de grâce 1084. Le

On voit que les débris de l'autel antique sont encore conservés sous le revêtement de bois qu'on leur a donné. Mais en accordant de justes éloges à la piété qui a présidé à cette restauration, on nous pardonnera, sans doute, quelques critiques sous le rapport de l'art. Il est bien d'avoir placé un oratoire en des lieux où il n'est peut-être pas un espace appréciable d'où ne se soit élevée une prière; mais il devait être simple et austère comme eux, ou répondre par sa magnificence à la vénération qu'ils inspirent. Les anciens, si délicats sur les convenances, y auraient

» révérend Dom Jacques de Merly, évêque de
» Toulon, pour consacrer par un acte de recon-
» naissance le berceau de l'ordre des Chartreux, fit
» entourer l'antique chapelle de saint Bruno bâtie
» en ce lieu d'une autre chapelle plus étendue,
» en 1640. L'autel de cette chapelle ruinée depuis
» peu de temps, que l'on croit avoir existé dès le
» commencement de l'ordre, a été revêtu de bois
» peint et orné, en 1820, par la libéralité des princes
» qui voulurent rétablir à leurs frais cette chapelle
» et celle de la Vierge ».

apporté des marbres précieux; ils auraient annoncé par de riches colonnes l'importance du monument, et des inscriptions gravées sur l'airain en auraient instruit la postérité : ici, quelques ouvriers sans goût se sont chargés de barbouiller les murailles intérieures ; dans le fond, ils ont peint à leur manière quelques arbres, misérable parodie du désert qui vous entoure, dont ils n'ont pas vu les beautés : ils ont épuisé leur triste palette jusque sur la statue du saint, qui ne méritait pas cet outrage. La voûte construite par Jacques de Merly, d'après le procédé de Philibert de Lorme, est à plein cintre, en bois, et lambrissée d'assez bon goût. Le pourtour imite une maçonnerie avec des niches, où des Chartreux assez mal dessinés offrent de plus l'inconvenance de représenter, non des statues, mais des personnages vivans. Au lieu de laisser à ce rocher ses aspérités naturelles, et d'en conserver les accidens primitifs, on les a recouvertes sans pitié en exhaussant le sol intérieur de la chapelle.

Il est fâcheux qu'on ait détruit ce caractère qu'il était si facile de conserver, et qui ajoutait tant à l'intérêt local.

Par une conséquence aussi fâcheuse, la porte d'entrée de la chapelle, le balcon qui la précède, le petit péristyle qui l'abrite, tout cela est de mauvais goût. Au-dessus de la porte, on lit dans un petit cartouche fait d'un morceau de planche que c'est le lieu où saint Hugues, évêque de Grenoble, vit Dieu se bâtissant un oratoire.

SACELLUM
S.^{ti}
BRUNONIS

HIC EST LOCUS IN QUO S.^{tus} HUGO
GRATIANOPOLITANUS EPISCOPUS
VIDIT DEUM
SIBI DIGNUM CONSTRUENTEM
HABITACULUM.

✝

Les armoiries en marbre de Jacques de Merly sont mutilées et ignoblement laissées à terre : l'architecte moderne aurait pu les placer plus convenablement ; la mémoire du bon évêque et surtout son idée conservatrice méritait quelque reconnaissance. La forme extérieure de la chapelle est par sa simplicité beaucoup mieux en harmonie avec tout ce qui l'entoure : on juge seulement que ce n'est pas sans motif que son toit est aussi élevé ; il abritait jadis une autre chapelle, et ce motif qui n'existe plus produit une disparate dont l'esprit est fatigué sans en deviner la cause.

Mais dans les alentours tout porte encore l'empreinte du courage, de la résignation et de grandes difficultés vaincues. Des montagnes arides, des rochers dépouillés, noirs et menaçans, des forêts stériles où le hêtre se mêle à peine à d'innombrables sapins, un sol inégal hérissé de roches et sillonné par les ravins, quelques clairières inabordables, pas un champ propre à la culture, pas un arbre, pas une plante qui puissent servir d'aliment, un désert sans ressource à disputer aux ours que la présence de l'homme n'y avait pas encore troublés, la rudesse d'un climat toujours humide et souvent nébuleux, où l'hiver couvre pendant huit mois de l'année le sol stérile d'une neige épaisse; que d'obstacles capables de rebuter des hommes dont la résolution n'aurait pas été formée sous une inspiration religieuse! C'est dans ces lieux inhabitables que les premiers Chartreux sûrent se créer des ressources suffisantes et en préparer à leurs successeurs. Ce n'est pas la seule fois, sans doute, que la religion inspirant un grand dévoûment et d'immenses sacrifices, a produit de pareils miracles : mais si nous jugeons des difficultés par le peu de succès d'entreprises semblables faites sous les auspices et dans les vues d'un intérêt profane, nous ne pouvons qu'admirer ici la vertu qui les conçut et les exécuta. Saint Bruno ne trouvait rien en ce désert qui pût satisfaire aux besoins les plus indispensables; une source d'eau vive était le seul attrait placé par la Providence pour y fixer ses pas : mais il avait vu les désordres de son siècle; il crut ne pouvoir en éviter la contagion que par une séparation absolue; et loin d'obéir à la tendance générale qui, sous le nom de Croisades, précipitait alors l'Europe sur l'Asie, sa raison éclairée jugea plus sainement qu'il vaut mieux pour le bonheur des peuples leur faire apprécier les douceurs d'une vertu paisible, que d'exciter leur aveugle courage; et que l'habitude des travaux utiles est préférable à la vaine jactance d'une gloire dévastatrice.

Né à Cologne d'une famille opulente, nourri dans les jouissances du luxe, revêtu à Rheims d'une des premières charges ecclésiastiques, et renommé par sa science qui attirait près de lui de nombreux auditeurs, Bruno pouvait prétendre à toutes les dignités, jouir en paix de la considération et des richesses. Il raconte lui-même qu'ayant fait avec trois de ses amis des réflexions sérieuses sur le néant du monde, ils résolurent de le quitter, et qu'ils se firent dès lors une solitude intérieure; qu'après plusieurs années de cette courageuse épreuve, il exécuta sa résolution, lorsque l'évêque de Grenoble, qui avait été son disciple, lui en offrit les moyens par la cession d'un désert dans son diocèse. Ces motifs, qui n'ont rien que de louable et de grand, justifient mieux sa démarche aux yeux de la raison, que la prétendue apparition du Chanoine de Paris, fable ridicule, dont on ne trouve aucune trace dans ses écrits, et qu'un absurde légendaire ajouta à son histoire dans le treizième siècle, temps plus avide d'un faux merveilleux que curieux d'une saine critique. Cette allégorie, qui a fourni à Lesueur le sujet d'un de ses plus admirables tableaux, était propre à frapper alors des esprits grossiers que des motifs raisonnables n'auraient que faiblement touchés.

Ce désert portait dès lors le nom de *Chartreuse* et le donna à l'ordre dont il fut le berceau. Humbert de Mirabel, son frère Odon, et les autres propriétaires de ces montagnes, en firent à saint Bruno et à ses compagnons une donation authentique, revêtue de toutes les formalités alors en usage, et rendue publique à Grenoble par une lecture dans un synode, en présence du clergé et du peuple assemblé.

Cette donation, monument curieux du onzième siècle, que j'ai copiée dans un manuscrit de ce temps provenant de la Grande-Chartreuse, actuellement déposé à la bibliothèque de Grenoble, est intéressante sous le rapport des usages et des mœurs de cette époque qu'on y trouve exprimées dans toute leur naïveté; elle l'est plus encore pour les Chartreux eux-mêmes dont c'est peut-être le plus ancien titre, échappé par un heureux hasard aux incendies fréquens de leur monastère et aux ravages plus désastreux de la révolution.

Il est accompagné dans le même manuscrit de quinze autres titres semblables de donations particulières des diverses propriétés qui formèrent bientôt le vaste domaine de cet ordre (1). On y lit qu'en considération de la fragilité des choses de ce monde, les donateurs, pour la rédemption de leurs péchés, voulant changer les biens temporels pour les biens célestes, cèdent à maître Bruno et à ses frères, pour l'habiter à jamais eux et leurs successeurs, un désert spacieux dont l'acte désigne les confins qui descendent jusqu'aux bords du Guyer. Cet acte, où les infracteurs sont voués à l'anathême, porte la date de 1084, et fut publié le 5 des ides de décembre.

Depuis ce moment, l'ordre, devenu propriétaire, s'occupa d'un établissement

(1) Ce manuscrit est un grand in-folio sur vélin, contenant plusieurs livres de la bible, à la suite desquels on a transcrit les titres dont je parle; il est coté N.ᵒˢ 13 et 17. Voyez la note IV à la fin du volume.

durable : quelques cabanes furent d'abord construites ; l'oratoire commun fut placé sur un rocher. A mesure que la colonie se peupla, elle s'étendit vers la chapelle de la Vierge, et même plus bas, jusqu'à une autre petite esplanade où l'on voit encore un vieux pommier, le seul arbre de cette espèce que j'aie remarqué dans ces déserts : son tronc couvert de mousse et mutilé par les ans, rappelle le vieil hermite qui l'a planté, et qu'il semble qu'on doive trouver assis sous son ombrage. La prairie la plus étendue de ces montagnes, celle où le monastère est aujourd'hui situé, devint une métairie peuplée de nombreux troupeaux, dont le lait et la toison servaient aux besoins des solitaires. Bientôt l'accroissement de la colonie l'obligea de chercher un emplacement plus vaste, et les premières constructions furent faites, en 1296, au lieu que le monastère occupe encore, à la place de la métairie qui fut transférée plus bas, à la Courrerie, comme j'aurai occasion de le remarquer en parlant de cet endroit. Les Chartreux furent aussi contraints à ce changement par la chute des rochers et des neiges, qui plusieurs fois leur avaient fait courir les plus grands dangers. On raconte qu'en 1133 toutes les cellules furent renversées par une prodigieuse avalanche ; plusieurs religieux y perdirent la vie : l'un d'eux, nommé Ardouin, fut retrouvé vivant sous les décombres après douze jours ; il avait conservé, dit-on, sa présence d'esprit et sa mémoire : « Il dit peu de choses, » ajoute la chronique, reçut les derniers » sacremens, et mourut avec tranquil- » lité ».

Saint Bruno ne vit point les progrès de l'établissement qu'il avait si heureusement fondé. Forcé de quitter sa chère solitude, pour obéir aux ordres du Pape Urbain II, qui avait été son disciple et qui l'appelait à Rome, il alla refuser les dignités offertes à son éminente vertu ; et bientôt, se sentant déplacé dans le monde, il chercha un autre désert dans les montagnes de la Calabre, où il mourut en 1101, plein de mérites plus que d'années.

Nous n'étions pas venus jusque-là sans l'intention de pénétrer aussi loin qu'il nous serait possible. Des roches amoncelées sur un plan incliné s'élèvent irrégulièrement derrière la chapelle et se couvrent d'une couche épaisse de mousses, de fougères, de géraniums, dont les couleurs diverses imitent celles d'un riche tapis. Le bec-de-grue sanguin, *geranium sanguineum*, s'y montre surtout dans tout l'éclat de ses feuilles de pourpre, et varie agréablement les ondulations du terrain marqueté de cette vive couleur. Ici, l'homme disparaît de nouveau, et le désert recommence : mais le silence et l'ombre n'y exercent plus leur puissance; la privation ou le jeu de la lumière n'en constitue pas l'horreur; il prend ce caractère des objets eux-mêmes, de leurs formes, de leur ensemble. Les roches peu proéminentes hérissent un sol déjà très-inégal et de toutes parts sillonné par les eaux qu'elles laissent à peine soupçonner. Ces eaux ne forment point encore le torrent ; elles ne mugissent pas dans un lit commun, elles ne se précipitent pas dans l'abîme creusé par leur chute, elles ne sont pas encore menaçantes et redoutables; cachées sous la verdure dont elles nourrissent la fraîcheur, elles serpentent sans bruit dans les innombrables filons que trace leur caprice, abreuvant les racines des plantes rampantes qui les dérobent à la vue. Rarement contrariées par quelque obstacle, elles se décèlent par un murmure : quelquefois leur présence s'annonce par des herbes épaisses qui poussent à travers les branches tortueuses de l'airelle, arbrisseau modeste qui croît ici dans une extrême abondance, couvre les aspérités du sol, et rend la marche difficile, et dont les baies astringentes et noires sont la nourriture ordinaire des oiseaux de proie.

Mais voici bien un autre spectacle : chacune de ces roches mousseuses est couverte d'une forêt; les sapins naissent en foule sur toutes leurs pointes, dans toutes leurs fentes, sur toutes leurs faces, et y prennent un caractère particulier : leurs troncs dépouillés de branches en conservent à peine des vestiges qui semblent cassés depuis des siècles; la seule touffe qui garnit leur cime est rare et grise comme la chevelure d'un vieillard; des lichens blanchâtres pendent à longs fils de ces branches sans verdure, et obéissent sans bruit à l'agitation des vents : ces arbres se succèdent sans ordre, se multiplient sans fin; on avance, et chaque pas les montre à la même distance; on croit être toujours au centre du même cercle, dont la circonférence uniforme ne varie point quoiqu'on change de lieu, et cache à vos regards tous les objets environnans. Bientôt l'ame attristée s'effraye de cette monotonie : partout des arbres dépouillés, une forêt sans ombre, des rochers sans abri; un trouble inconnu naît de cette situation inopinée; on ne juge plus où l'on est; il n'est plus de point de comparaison; on s'égare, on se perd dans un labyrinthe inextricable dont toutes les parties se ressemblent, où tout est également ouvert, tout également fermé, et où, en se détachant de la terre, le regard ne peut se porter que vers les cieux. Ici, point de sentier que l'on puisse suivre, point de courant dont le cours vous serve de guide, point de pente régulière qui vous oriente, aucun objet pour vous reconnaître et vous retrouver; aucun bruit n'avertit votre oreille; elle regrette jusqu'au murmure des vents : tout est, comme l'air, calme, triste, monotone et muet.

Une circonstance ajoutait alors à la sublime horreur de cette partie du désert. On se rapelle l'orage terrible qui éclata sur une partie de l'Europe dans la nuit du 24 décembre 1821 : en mille endroits sa violence laissa des traces funestes, et son passage fut marqué par des désastres.

Il semble s'être déchaîné ici dans toute sa fureur; la forêt est encore pleine de ses débris. Des arbres de tout âge furent arrachés çà et là, et leurs profondes racines mises au jour; la plupart se mutilèrent en tombant, et écrasèrent ceux qui se trouvèrent à leur portée; les uns laissent pendre leurs branches difformes en signe de deuil, et semblent encore pleurer leurs frères; les cadavres desséchés des autres sont encore gisans dans toutes les directions : confusément entassés les uns sur les autres, les branches, les racines sont hideusement mêlées. Le roc lui-même, écorché de sa mousse, présente l'aspect d'une large plaie, et le feuillage du sapin desséché tout auprès prend la couleur d'un sang répandu. Ces accidens sinistres s'offrent à chaque pas : poursuivi d'images funestes, les sens se troublent, on s'épouvante, on fuit, sans savoir où chercher un refuge; votre marche retentit seule avec une force extraordinaire, comme sur un terrain creux dont la croûte légère se brisant tout à coup va vous engloutir dans un abîme. Illusion terrible que la raison veut en vain dissiper.

Tandis que je m'arrête, incertain où porter mes pas, un autre bruit se fait entendre. Quel accident en est la cause? Il est faible, mais trop distinct pour que je puisse le méconnaître : je le juge éloigné; il n'en est que plus formidable. C'est la chute d'un des superbes dominateurs de ces montagnes : des éclats bien articulés m'annoncent cette catastrophe; il cède sous son propre poids; il s'affaisse à plusieurs reprises, par intervalles accélérés, et le fracas qui tout à coup succède m'apprend le sort funeste de tout ce qui l'entoure, entraîné dans sa chute et partageant prématurément son malheur. Et là aussi la mort exerce son empire! Les êtres insensibles qu'elle frappe sont les seuls qu'elle y rencontre; mais ils furent créés, et dès lors soumis à la destruction. Accablé par la main du temps, il tombe ce fils des siècles, fier géant des forêts, ornement des montagnes. Depuis mille ans peut-être, sa tête orgueilleuse se balançait avec joie dans les airs, affrontait hardiment la tempête, répondait à ses sifflemens par des sifflemens plus aigus, et fondant ses profondes racines sur les plus solides rochers, voyait sans trembler la foudre s'allumer à ses pieds et ravager les vallons dont il apercevait à peine les obscurs habitans. Régnant sans égal dans ces régions élevées, où je vois l'aigle planer autour du trône qu'il occupe et s'étonner du coup qui le précipite, il voilait son front de nuages, et semblait aspirer à le cacher dans les cieux : ses jeunes frères lui rendaient hommage et la forêt le reconnaissait pour son roi : enfin son heure est arrivée ; il croule, comme toutes les grandeurs humaines ; le vain fracas que nous venons d'entendre sera le dernier témoignage de sa longue existence, et le souvenir s'en dissipera, comme ce bruit lointain que les vents emportent en se jouant.

Errans à travers ces ruines, nous nous cherchions avec inquiétude. Mille obstacles captivaient notre attention ; nous osions à peine nous communiquer nos pensées ; des voix indiscrètes seraient sacriléges dans ces lieux si long-temps consacrés au silence et à la méditation. Mais il faut en sortir ; où passer ? Quelle remarque dans cette solitude monotone nous fera retrouver le chemin ? Voilà la roche mousseuse où nous sommes déjà montés ; nos traces y sont fraîchement empreintes : je reconnais ces débris de sapins à la rouille de leurs feuilles ; c'est là le vieux tronc que mon pied a mis en poussière en le heurtant ; et là le sapin renversé qui, nous barrant le passage, nous a vus passer sous son tronc vermoulu, comme les insectes de ces buissons. Tout à coup, du haut d'une roche, mon fils aperçut, à travers une clairière faite par la tempête, le sommet du toit de la chapelle et la petite croix qui le surmonte. Rassurés et pleins de joie, nous nous hâtons de regagner ce port et de reprendre le chemin du monastère.

Ce chemin était au-dessus de celui que nous avions suivi en montant : il nous conduisit d'abord à une des plus agrestes stations des premiers Chartreux, consacrée par une grande croix, à l'entrée d'une pelouse entourée de sapins vigoureux, mais plus remarquable par le vieux pommier dont j'ai parlé, et qui, malgré sa décrépitude, lutte encore contre l'âpreté de ces climats. Bientôt, par un chemin difficile et obstrué d'arbres renversés, nous revînmes à la Chartreuse, dont les longues toitures et les faîtes divers se développaient sous nos yeux. Plus près de nous, une vaste masure semblait plutôt accuser les hommes que le temps : nous apprîmes, en effet, que c'était une laiterie à peine terminée lorsque les Chartreux furent chassés de leurs domaines. Pendant leur absence, on y avait pris les ardoises, les planchers, les pierres, pour réparer ailleurs : avec cette économie destructive, tout se serait successivement anéanti, et n'eût présenté, dans peu d'années, que l'aspect de cette ruine déplorable dont les murailles découvertes ont encore la solidité d'une construction nouvelle.

Mais la cloche du monastère nous avertissait alors qu'un autre temps avait succédé à celui dont nous déplorions les désordres : elle sonnait l'*angelus* du soir, et deux paysans descendus des montagnes passaient auprès de nous en récitant leurs prières. Pressés par les approches de la nuit, ils marchaient à grands pas vers leur chaumière, située peut-être hors du désert, du côté du village de Chartreuse dont ils prenaient la route. Ils avaient la tête découverte, tenant leur chapeau à la main, et nous saluèrent en nous croisant, sans interrompre leur prière, satisfaisant ainsi aux préceptes de la civilité et à ceux de la religion. Ces habitudes annoncent une éducation fondée sur la morale religieuse, dont l'oubli momentané fut un pas rétrograde vers la plus hideuse barbarie (1).

(1) « Ce qui mérite principalement l'estime des amis de l'humanité, c'est le soin que prend M. de

Avant de rentrer dans la maison, nous rencontrâmes sur les pelouses qui l'entourent un homme de bonne mine, d'un âge mur, d'une mise simple, promenant seul, un livre à la main. Solitaire d'une nouvelle espèce, M. de Feyrus, c'est ainsi qu'on nous le nomma, est un ancien négociant que l'expérience a dégoûté du monde, et qui, profitant de sa liberté, sans contracter d'engagemens, habite ces déserts en amateur, sans ostentation et sans contrainte, partageant son temps entre des occupations de son choix et les exercices d'une piété éclairée. On nous avait fait

» Fellemberg de l'éducation des gens du peuple : il
» fait instruire selon la méthode de Pestalozzi les
» maîtres d'école des villages, afin qu'ils enseignent
» à leur tour les enfans. Les ouvriers qui labourent
» les terres apprennent la musique des psaumes ;
» et bientôt on entendra dans les campagnes les
» louanges divines chantées par des voix simples
» mais harmonieuses, qui célèbrent à la fois la
» nature et son auteur ».

De l'Allemagne, par Mme DE STAEL, t. 1, p. 172.

remarquer dans l'église du monastère un autel doré par un procédé dont il est l'inventeur. Curieux d'en apprendre quelque chose, nous portâmes la conversation sur cet objet; mais il en fait un mystère, et il n'eût pas été convenable de chercher à le pénétrer : il eut cependant la complaisance de nous conduire dans sa chambre, pour nous montrer divers échantillons qui nous parurent dignes de l'attention des artistes. C'est un vernis qui peut s'appliquer sur des fonds de toutes couleurs, et qui leur donne le brillant et les apparences du métal : sur un fond blanc c'est de l'argent; sur un fond jaune il devient or; avec d'autres couleurs on jurerait du clinquant : on peut imiter les marbres, les coquillages, la nacre même avec ses reflets. Ce procédé a sur le moiré métallique, découverte agréable de ces derniers temps, l'avantage de disposer les veines et les marbrures à volonté, et d'avoir des fonds unis quand on le désire. On peut aussi en enrichir des peintures, et quoique l'inventeur ne soit pas artiste, il a tracé des fleurs, des papillons, des oiseaux qui font juger de ce que cet art pourrait produire entre des mains habiles et dirigées par le goût. M. de Feyrus était sur le point de publier son secret; il en avait déjà rédigé le mémoire, lorsque des peintres indiscrets, venus, dit-il, de la capitale, voulurent s'en rendre maîtres pour décorer des cafés, des bains, des boudoirs : scandalisé de cet usage profane, il a renoncé à son projet, et veut que son secret périsse avec lui. En vain nous épuisâmes notre éloquence pour lui inspirer des sentimens plus philantropiques; en vain nous lui dîmes que la providence ne lui avait ménagé cette découverte que pour en faire part aux autres ; qu'il n'est rien dans le monde dont les méchans ne puissent abuser, mais qu'il ne fallait considérer dans les dons de Dieu que l'usage légitime qu'on en doit faire ; que cet art ne lui avait pas été donné pour l'étouffer à sa naissance ; qu'en conscience il ne pouvait pas l'enfouir, et qu'il en était responsable devant Dieu et les hommes ; il fut inébranlable, et c'est vraiment dommage. Cette découverte intéressante dans les arts serait précieuse pour l'industrie : nous invitons de nouveau son auteur à la faire connaître, si, par hasard, il lit un jour cette page.

L'influence de la solitude sur les facultés de l'ame et leur développement, devint, pendant notre dîner, le sujet de la conversation. Nous discutions encore cette thèse, lorsque le domestique chargé de nous servir nous présenta le *livre des voyageurs* en nous invitant à y inscrire nos noms. C'est un *album* in-4° proprement relié, à moitié plein d'écritures de toute espèce et dans toutes les langues de l'Europe. Peu de voyageurs se sont bornés à une simple signature ; presque tous ont exprimé plus ou moins heureusement en vers ou en prose leurs inspirations du moment : c'est en général l'éloge de la solitude, le bonheur d'en jouir, le regret de la quitter; et l'on sent que dans ce mélange de styles il en est de fort irréguliers. Si tous les éloges de la vie solitaire et contemplative que nous y avons lus sont sincères, la question qui nous occupait est résolue affirmativement par la grande majorité de ceux qui ont eu occasion de s'en expliquer : presque tous ont en ce moment le désir de rester dans la solitude, et ne se replongent qu'avec peine dans le tourbillon du monde.

Cet album commencé au mois de juin 1817, environ un an après la rentrée des Chartreux, remplace celui qu'ils avaient jadis présenté aux voyageurs, et qui, continué pendant leur longue absence, contenait, dit-on, des réflexions très-curieuses signées de noms fameux, tels que Bernardin de Saint-Pierre, Mme de Staël, Ducis, etc. La recherche de cet ancien album m'aurait occupé si j'en avais espéré quelque succès : je le demandai, on me répondit qu'on ne le connaissait pas, comme on aurait dit

qu'on ne voulait pas le connaître : toute insistance eût été superflue. Mais son histoire est rapportée par l'ingénieux *Hermite de la chaussée d'Antin*, et je tiens ses documens pour authentiques. « L'origine
» (des album), dit-il, tom. 1, p. 170,
» est noble, simple, majestueuse. Saint
» Bruno avait fondé au sein des Alpes le
» berceau de son ordre : tout voyageur
» y était reçu pendant trois jours avec
» une hospitalité grave et décente. Au mo-
» ment du départ, on lui présentait un
» registre, en l'invitant à y inscrire son
» nom qu'il accompagnait ordinairement
» de quelques phrases inspirées. L'aspect
» des montagnes, le bruit des torrens, le
» silence du monastère, la religion grande
» et formidable, les religieux humbles et
» macérés, le temps méprisé et l'éternité
» partout présente, devaient faire naître
» sous la plume des hôtes qui se suc-
» cédaient dans ces augustes demeures
» de hautes pensées et de touchantes ex-
» pressions. Aussi quelques-uns de nos

» poëtes vivans ont déposé dans ce réper-
» toire des vers justement célèbres. Qu'est
» devenu ce registre si singulier et si
» précieux? Les solitaires l'ont-ils emporté
» dans leur émigration? serait-il enterré
» dans quelques obscures archives de la
» ville de Grenoble? Qu'on ne soit point
» étonné de mon inquiétude sur son sort;
» car l'*album* de la Grande-Chartreuse est
» incontestablement le père et le modèle
» de tous nos album » (1).

Cet intéressant recueil existait peut-être encore lorsque le spirituel hermite exerçait ces regrets désormais inutiles : il

---

(1) Dans un autre ouvrage, le même auteur, sous le titre de l'*Hermite en Province*, ne parle plus de la Chartreuse en termes aussi convenables. Quel que soit le motif de cette disparate, tout en rendant justice au mérite de l'écrivain, je dois rétablir la vérité des faits souvent altérée par le voyageur. Trompé sans doute par des mémoires inexacts, il prouve l'inconvénient d'écrire sur la foi d'autrui, et de voir les mêmes lieux avec diverses lunettes.

était temps encore d'en conserver la fleur ; on le présentait chaque jour à tout venant ; et il est disparu récemment, grossi peut-être plutôt qu'enrichi des remarques des contemporains que l'édifiant aspect des vertus religieuses avait cessé d'inspirer. J.-J. Rousseau n'y avait écrit qu'un seul mot, *ô altitudo!* exclamation assez ambiguë dans sa bouche, et qu'on n'expliquerait clairement qu'en devinant le sentiment qui le prédominait alors. Cet album n'est point dans la bibliothèque de Grenoble où le public pourrait le voir.

Celui qui nous fut présenté, quoique d'une si fraîche date, contient plusieurs pièces intéressantes, que j'eus à peine le temps d'extraire, en y consacrant avec mon fils une partie de la nuit. Il est très-possible que quelques-unes m'aient échappé ; mais on peut compter sur l'exacte copie de celles que je rapporte, et que leurs auteurs reconnaîtront aisément. Un petit nombre est en allemand ou en russe, langues que je ne connais pas; plusieurs sont en grec, mais n'ont rien de saillant : il y a beaucoup d'anglais, peu d'italien. J'ai traduit celles qui m'ont paru les meilleures, et je jette ces traductions en note pour ceux qui voudront y recourir. Les voyageurs français sont les plus nombreux ; cela se conçoit. Parmi les étrangers, les Anglais sont les plus nombreux (1). On

---

(1) Voici par ordre de dates, depuis le retour des Chartreux, les noms les plus connus que j'ai trouvés sur ce registre : MM. Louis Bergasse, Dureau de la Malle, Mounier, Canuel, Lauriston, Henri Cambacérès, Langlumé et Gérard, peintres paysagistes; Mme la princesse de Talmont, César de Choiseul, de Champagny, de Brière, de Noailles, de Boisgelin, Mme la maréchale Moreau et sa fille, Péregaux, de Saint-Priest, gouverneur de Cherson; Servigny et Melling, peintres paysagistes de la chambre du Roi; Goupil de Préfeln qui exprime le regret de n'y passer que deux heures, le prince de Montmorency, de Ville-d'Avray, de Montausier, Bellard, Bergeron d'Anguy, etc. Parmi les Anglais, Stanley Clarke, un des directeurs de la compagnie des Indes; Saumarez, Wilson, John Scott, la comtesse Mortimer,

remarque des Polonais, des Suédois, des Américains. La plupart n'ont apposé que leur nom, ou l'équivalant de cette formule anglaise souvent répétée : *Very gratified with great hospitality.* Un seul est Espagnol, qui n'a remarqué à la Grande-Chartreuse que l'élixir que l'on y fabrique (1).

La première ligne de cet album est d'un Anglais nommé Ramsay, « allant à Flo-
» rence »; c'est tout ce qu'il a à nous dire. Cette première page est remplie de noms anglais, dont aucun peut-être n'est catholique ; ce qui fait valoir l'observation ingénue consignée au bas de la page, que « tout bon catholique doit visiter ces lieux
» déserts ». Un autre faiseur d'amphi-

M. et Mme Canning, Seymour et Willougby, Montague, lord Bruce, etc. Le prince de Latour-et-Taxis et M. Werther, ministre de Prusse en Espagne, paraissent les plus qualifiés parmi les autres étrangers.

(1) Cet élixir est connu depuis long-temps sous le nom d'*élixir des Chartreux*; on vante son efficacité.

gouris prétend que « le sage dans le désert
» est un narcisse à la fontaine ». Heureusement une autre main a écrit dessous
« Mauvais ! mauvais » ! Un troisième trouve
que « ces lieux pleins de *vénération* ins-
» pirent à l'homme sensible des idées su-
» blimes et *satisfaisantes* ». Beaucoup de
vœux ressemblent à celui de deux Lyonnais : « Nous conservons dans nos cœurs,
» nous portons dans nos familles le sou-
» venir de vos édifiantes vertus ». Enfin
M. John Mead, élève du collége d'Oxford,
y a transcrit, sans doute de mémoire, ces
belles stances en vers alcaïques du fameux
Gray, composées à la Grande-Chartreuse
et écrites par l'auteur sur l'ancien album,
en 1741 :

O tu ! severi religio loci,
Quocumque gaudes nomine (non leve
Nativa nam certè fluenta
Numen habent, veteresque sylvas ;

Præsentiorem et conspicimus Deum
Per invias rupes, fera per juga,

Clivosque præruptos, sonantes
Inter aquas, nemorumque noctem;

Quàm si repostus sub trabe citreâ
Fulgeret auro et phidiacâ manu),
Salve. Vocanti ritè fesso et
Da placidam juveni quietem.

Quod si in videndis sedibus et frui,
Natura, sacrâ lege silentii,
Vetat volentem, me resorbens
In medios violentè fluctus;

Saltem remoto des, Pater, angulo
Horas senectæ ducere liberas,
Tutumque vulgari tumultu
Surripias, hominumque curis (1).

***

(1) O toi, religion de ces lieux sauvages! quel que soit ton nom (car sans doute ces forêts antiques, les sources qui y prennent naissance, ont une divinité puissante : sa présence est bien plus sensible sur ces rochers inaccessibles, ces montagnes incultes, ces pentes escarpées, parmi ces eaux mugissantes et ces sombres forêts, que sous des lambris dorés et sculptés par une main habile), salut. Donne le repos et la paix au jeune poète qui, dans ses peines, t'invoque avec confiance. Si, par la loi sacrée du silence, me repoussant avec force au milieu des flots, la nature me défend de revoir ma demeure et d'en goûter les douceurs; ô mon Père! accorde-moi du moins dans ce coin de terre écarté de couler en liberté les jours de ma vieillesse : qu'à l'abri du tumulte du monde, je puisse m'y dérober aux sollicitudes humaines.

La plupart se contentent d'écrire : « Tels et tels sont venus visiter la Chartreuse un tel jour, et sont repartis le lendemain ». On pourrait leur dire, comme on a fait sous la date du 7 juillet 1818 : « J'en suis bien aise pour eux ».

M. Mounier, conseiller d'état, a mis : *Et ego vidi sapientes* (1). On trouve ensuite ces vers anglais :

Oh! for the soul of infancy, wich pure
Automn alike by transports or by roves.
With dimpled wonder, here would mock th'allure
Of worlds, were reigns not thus such calm repose!
But, ah! 'tis not for me, who bear a scar
Tu cheat theses hallowed shades by saintly shew
Of solitude; yet heart that wondert far.
Fathers, if ye such simple bliss can know,
Anticipate heaven is your lot below (2).

ANONYME.

(1) Et moi aussi j'ai vu des sages.

(2) Oh! qu'une belle automne a de charmes pour une ame innocente! Avec quelle satisfaction profonde je mépriserais ici les prestiges du monde où l'on ne trouve point un calme aussi parfait! Mais, hélas! le

M. de Serre, accompagné de M. le comte Beugnot et de M. Magnan, avait écrit, le 7 août 1818 : « Un Dieu a créé l'homme » pour l'amour, la vertu et la liberté. » Heur et bonheur à qui conserve inalté- » rables les dons de la Divinité » ! Un anonyme avait écrit en latin une réfutation de cette idée qu'il accusait de sentir le déisme. A la page 71, M. de Campredon, marquis de Goutelas, attaché à l'état-major de M. le duc de Bellune, se déclare l'auteur de cette note, et explique sa pensée, en séparant les temps qui ont précédé la venue du Messie de ceux qui l'ont suivie, et il s'écrie : « Malheur à » ceux qui, confondant ces deux époques » du monde, veulent que l'homme chré- » tien pense et désire comme l'homme » payen » ! Nous ne le suivrons pas dans le long raisonnement qu'il fait à ce sujet;

repos n'est pas fait pour moi, qui porte une blessure que ne peuvent guérir ces ombrages consacrés à la solitude. Mon cœur en est encore bien loin. O pères ! si vous appréciez cette heureuse simplicité, vous jouissez ici-bas de la félicité céleste.

il nous suffira de faire remarquer que dans cette discussion polémique, les deux antagonistes paraissent avoir des intentions également irréprochables; mais un troisième champion, se mêlant à la querelle, embrasse le sentiment de M. de Serre, et conclut en disant : « L'homme est fait pour
» Dieu, et les Chartreux ont trouvé le
» moyen d'arriver à lui. Heur et bonheur
» à ces bons pères ! »

The silent immates of these peaceful cels
Have taken the wiser part. They all have left.
Harder is fate who in the wordl still dwels,
And finds himself, alas, of all bereft (1).

Anonyme.

Vidi patres et desertum, et animam meam ad Dominum exultaverunt (2).

Élie Montgolfier d'Annonay,
G. Crapelet de Paris.

(1) Les silencieux habitans de ces tranquilles cellules ont pris le parti le plus sage : ils ont tout quitté. Bien plus triste est le sort de celui qui reste dans le monde, et se trouve, hélas ! privé de tout.

(2) J'ai vu les pères et le désert; ils ont élevé mon ame vers le Seigneur.

On s'arrête avec plaisir sur ces beaux vers, tellement en situation qu'ils sont cités plusieurs fois :

> Thus, let me live, unseen, unknown,
> Thus, unlamented, let me die :
> Steal from the world, and not a stone
> Tel, un here i lie (1).
>
> P. Jonston.

O nullo turbata metu, pax hospita sylvæ !
Delicias puras quando sectabor agrorum,
Omnibus ignotus, nulli gravis, otia ducens
In sylvis, nec fata timens suprema, nec optans (2)!

Il est fâcheux que ces jolis vers du père Rapin, si agréablement cités par M. Léon Ferrand, soient accompagnés de quelques

---

(1) Laisse-moi vivre ainsi, caché, inconnu ; ainsi laisse-moi mourir sans coûter une larme ; et qu'en me dérobant au monde une pierre ne lui dise pas même : « Il gît ici ».

(2) Paix hospitalière des forêts qu'aucun souci ne vient troubler, quand pourrai-je goûter les pures délices de la campagne, inconnu de tous, à charge à personne, portant mes loisirs dans les bois, sans craindre ma dernière heure et sans la désirer!

soussignés qui ont visité le désert de la Chartreuse le 8 juin 1819, et qui *susdits admirateurs des beaux effets de la nature*, résident, etc.

Un pharmacien de Lyon a composé quelques vers dont voici un échantillon :

    Vous que la botanique invite
    A venir visiter ces lieux,
    Je vous souhaite un sort plus heureux
Que d'être bien mouillés pendant cinq jours ds suite.

Après de très-longs souhaits assez mal exprimés, un plaisant a écrit : « Va, bon » pour une fois seulement ».

    Tamen illic vivere vellem
Oblitusque meorum, obliviscendus et illis (1).

HENRY ASTON.

Tædia sæpe gemens vitæ, vanosque tumultus,
Et mare præmetuens tot tempestatibus actum,

---

(1) Et cependant je voudrais vivre ici, oubliant les miens et par eux oublié.

Appeto quem refugit portum mali certa voluntas.
Felix qui potuit vestros habitare recessus,
Vos, pia gens, et grata Deo, quibus alma ministrat
Dextra dies plenos, noctes virtute beatas,
Et lethi undè offert pietas secura timores :
Tantùm religio potuit generare quietis (1)!

Froment *d'Abbeville*.

La langue italienne présente bientôt une autre série d'idées, un autre genre de poésie :

Gli abitator del infernale sponda
A consilio chiamò, battendo i denti,
Pluto superbo, e d'atro fiele immonda
L'immensa bocca aperse a tali accenti :
Che più si tarda, amici ! ormai feconda
Sorge di troppo, frà i natali orrori,
     Di Bruno la famiglia.
     Ite, sperdete,

---

(2) Fatigué souvent des ennuis et du vain tumulte de la vie, redoutant cette mer agitée par tant de tempêtes, je gagne enfin le port d'où m'avait éloigné une volonté dépravée. Heureux qui peut habiter vos retraites ! troupe pieuse et favorisée de Dieu. Sa main puissante vous donne des jours et des nuits consacrées à la vertu, et qu'une piété sincère exempte des craintes de la mort : tant la religion peut inspirer de confiance !

Rovinate, struggete
Le statue, i templi, e gli altari, e i bronzi.
Disse ; lo stuolo alla crud' opra intento,
Già la falce avea messo al tronco, quando
L'ira soffiò de Dio ; e come il vento
La polvere disperde, in tale forma
Disperde i rei consigli, in un momento (1).

Веnтivoglio.

Que le bras du Très-Haut vous protège sans cesse,
Séjour aimé des cieux, asile du bonheur ;
Soyez dans tous les temps l'appui de la faiblesse,
Les délices du juste et le port du pécheur.

Bossard,
Supérieur du séminaire de Grenoble.

Errantes sacro tenuit nos hospita saltu
Hæc domus : una dies nobis huc usque profanis

---

(1) Le fier Pluton appelle en rugissant les habitans des rives infernales, et distillant le fiel de sa bouche hideuse, il leur parle en ces mots : « Qu'attendez-vous, amis ! déjà les enfans de Bruno se multi-
» plient dans l'affreux désert qui les a vus naître : allez, dispersez-les ;
» renversez, détruisez les marbres, les bronzes, les temples, les au-
» tels ». Il dit, et près d'obéir à cet ordre terrible, déjà cette troupe cruelle avait mis la cognée au pied de l'arbre, quand l'ire de Dieu vint à souffler. Ces coupables desseins furent dissipés à l'instant, comme la poussière est chassée par les vents.

Christianos dedit esse, viamque paravit olympi (1).

DESMOULINS,
Aumônier du coll. roy. à Grenoble.

Hic est aut usquàm quod quæritis (2).

EDWARD ROGERS, *Anglais.*

Chartreuse, sauvage berceau
D'un ordre à jamais mémorable,
J'éprouve à ton aspect un sentiment nouveau
Qui tour à tour me ravit et m'accable.
Ah! qu'il me serait doux d'errer
Vers ton enceinte solitaire!
Mais, hélas! dans ton sanctuaire
Je ne suis pas digne d'entrer.
Les premiers pas de ma jeunesse
Furent dévolus au Seigneur;
Plus tard, un monde corrupteur
Me fit ouïr sa voix traîtresse,
Qui m'éloigna du sentier du bonheur.
Je déchirai ma robe d'innocence;

---

(1) Errans dans ces forêts sacrées, nous arrivons à cette maison hospitalière : le même jour nous rappelant à nos devoirs jusqu'ici négligés, nous rend chrétiens et nous ouvre le chemin du ciel.

(2) Ici ou nulle part est ce que vous cherchez.

Le sel irritant des désirs
Empoisonna mon existence,
Et je connus de funestes plaisirs.
Que m'est-il revenu de ces vaines chimères,
Des lieux où je fus arrêté ?
Rien qu'un océan de misères
Et le dégoût enfant de la satiété.
Chartreuse, tes pieux hermites
Connaissent mieux le chemin du salut,
Et le ciel qu'ils prennent pour but
Sera le prix de leurs mérites.

Sens,
Imprimeur-libraire à Toulouse.

Fervent quando die cuncta tumultibus,
Altum turba silet : cætera dùm tacent,
Hi per cantica rumpunt
Noctis longa silentia (1).

G. Guyon,
Missionnaire de France.

Dès long-temps tout au roi, pas encore tout à Dieu,
j'ai vu ces gens de bien, je deviendrai meilleur.

G., *étudiant en droit.*

(1) Lorsque pendant le jour tout s'anime avec fracas, cette troupe garde un profond silence : lorsque tout se tait, elle interrompt par ses cantiques le long silence de la nuit.

Schaal, peintre de paysages, et Alph. Leroi, aussi paysagiste, conseillent aux artistes de visiter la Grande-Chartreuse et le vallon de Saint-Laurent.

A la place d'une longue diatribe effacée, on lit cet *avis* :

On a cru devoir effacer ces deux pages, comme étant la production d'un jeune homme qui a le malheur d'ignorer les principes de la religion et toutes les règles de la bienséance, de la politesse et de la logique. On ne parlera pas de la violation des lois de l'hospitalité dont il s'est rendu coupable : il suffit de dire que MM. les étrangers qui ont lu ces deux pages, ont témoigné sur ce point une indignation bien plus forte que sur tout le reste.

Discendi studio qui pergis ad Alpes,
Hospite sub tecto virtutem disce, viator (1).

Félix.

Felices nemorum vidimus incolas,
Certo consilio quos Deus abdidit,
Ne contagio secli
Mores læderet integros.

(1) Voyageur, que le désir d'apprendre entraîne vers les Alpes, viens sous ce toit hospitalier apprendre la vertu.

(293)

Illis summa fuit gloria despici;
Illis divitiæ, pauperiem pati;
Illis summa voluptas,
Longo supplicio mori (1).

CHARTROUZE.

Des enfans de Bruno j'ai vu le saint asile;
J'ai vu la vertu même en ces sauvages lieux :
O Dieu! fais qu'à ta loi désormais plus docile,
Je puisse un jour ici vivre et mourir comme eux.

FOURT *de Caen.*

Le 8 novembre 1820, je suis venu visiter les pieux habitans de ces vastes édifices, qui malheureusement ne veulent être assurés que contre les peines éternelles.

Le directeur de la compagnie française du Phœnix,

LISSARET DE LOMBRE.

Stranger, who' er thou bist, here wilt thou find
Hospitality and happiness, if thy heart love

---

(1) J'ai vu les heureux habitans de ces forêts, que Dieu cacha par un dessein particulier, afin que la contagion du siècle n'altérât pas la pureté de leurs mœurs. Pour eux, la plus grande gloire est d'être méprisés; leur richesse est de souffrir la pauvreté, et leur plus grand bonheur est de mourir d'un long supplice.

To see nature, and nature's migty God.
Respected, revered by his kind children.

Au-dessous est écrite cette traduction de la même main :

Étranger, qui que tu sois, si ton cœur aime à voir la nature et le puissant Dieu de la nature respecté, révéré par ses fidèles enfans, avec l'hospitalité, tu pourras aussi y trouver le bonheur (1).

Will. Keating *de Philadelphie.*

La curiosité seule attire souvent en ces lieux, mais l'on s'y trouve comme enchaîné par un charme indéfinissable, qui se compose de tout ce qu'il y a de sérieux, de noble, de grand dans la nature humaine. Oh! pourquoi les circonstances ne permettent-elles pas que nous fassions ici quelque séjour, avec les jeunes gens confiés à nos soins que nous avons conduits dans cette sainte solitude! Les exemples de silence, de recueillement, de prière, de piété, de patience, de détachement du monde, qu'ils y verraient à chaque moment, feraient sur leur ame une impression religieuse et profonde,

---

(1) J'aurais traduit « tu trouveras ici l'hospitalité et le bonheur ».

et contribueraient bien plus que toutes les exhortations possibles à assurer leur perfectionnement moral et leur salut éternel. Mais, du moins, ce qu'ils en ont pu voir d'une manière si rapide, développera sans doute en eux des sentimens pieux ; et la touchante hospitalité que nous avons reçue leur fera sentir le prix et le charme de cette bienveillance universelle, mère de toutes les vertus, et principal caractère de la religion sublime de Jésus-Christ, que nous nous honorons de croire et que nous désirons pratiquer. — Saints et révérends pères ! pieux et chers frères ! veuillez agréer l'expression de nos vœux, de notre respect et de notre reconnaissance.

L'institut de Varnier, près de Genève.

F.-M.-L. NAVILLE, *pasteur.*

J.-M. DUCHER, *ministre du saint évangile.*

J.-L. CLAPARET.

The temple of the Lord, the temple of the Lord, the temple of the Lord is here (1).

Rever. THOMAS THIRLEVALE,
Coll. sancti Johannis asses., Cant. soc.

---

(1) Le temple du Seigneur, le temple du Seigneur, le temple du Seigneur est ici.

Enfans de saint Bruno, cénobites pieux
Qui goûtez dans ces murs un bonheur si tranquille,
Que j'aime ces forêts, ces pins audacieux,
Ces rochers, ces déserts et ces monts sourcilleux
Qui semblent les remparts de votre saint asile !
Tout est, autour de vous, calme comme vos cœurs ;
Et le mien déchiré d'un tourment qu'ils ignorent,
Ou dont ils ont du moins abjuré les erreurs,
D'un pouvoir inconnu sent les efforts vainqueurs,
Et voit s'éteindre ici les feux qui le dévorent.
Vos toits hospitaliers font aimer la vertu ;
L'espoir d'un doux repos, le seul bonheur du sage,
D'embrasser vos devoirs inspire le courage.
Mais l'imprudent nocher par les vents combattu
Touche à peine le port qu'il regrette l'orage.
Ainsi loin d'un asile où je vois le bonheur,
Je vais braver encor les orages du monde :
Heureux, si de vos vœux la pieuse ferveur,
Sur cette mer perfide en naufrages féconde,
Du Dieu qui vous entend m'obtenait la faveur !

Félix Bouchy,
Avocat à Paris.

 Here, to the traveller into wants
  The door is open still;
 And throug your share is but scant,
  You give it with good will;

Yours for even thanks, blessings,
And enjoyements, immortal things (1).

Doct. Descouteaux.

Que ce riant bassin recèle de merveilles!
Dans le monde la foi dort d'un honteux sommeil;
Ici des chants sacrés et de pieuses veilles
  Attestent partout son réveil.
Je l'aperçois debout sur ces dômes antiques;
 Un feu céleste anime ses regards;
 Elle inspire ces saints cantiques
Que le fidèle écho redit de toutes parts.
 A la voix de l'airain sonore,
 Sortant des bras d'un paisible sommeil,
Le fervent cénobite a dévancé l'aurore,
 Pour offrir au Dieu qu'il adore
L'ordinaire tribut d'un nocturne réveil.
Goûtez, anges de paix, cette douceur profonde,
Et de la piété les charmes séducteurs :
Ces rocs majestueux qui vous cachent au monde
Racontent vos vertus et vous gagnent les cœurs.
Que l'ordre des Chartreux, célèbre d'âge en âge,
S'élève pour toujours sur ses débris fumans;

(1) Ici la porte est toujours ouverte aux voyageurs dans la peine. Votre partage est modique, mais vous en faites part volontiers. Vos nocturnes actions de grâces, vos bénédictions, vos jouissances sont des choses immortelles. (*Ces vers sont extraits de l'Hermite de Goldsmith.*)

Et que Bruno (Dieu veuille accomplir mon présage!)
Chez nos derniers neveux trouve encor des enfans.

MARION, *vicaire*.

Thrice happy you, who look as from the shore,
And have no venture in the wreck you see (1)!

ANONYME.

En voyant ce séjour sombre et silencieux
Où du divin moteur la puissance est empreinte,
Le voyageur s'étonne et contemple avec crainte
Ces abîmes profonds, ces sommets sourcilleux.
Mais ce n'est point assez : ici, tout est miracle;
Il est bientôt ému par un plus beau spectacle,
Par la vertu modeste et sublime à la fois
Des élus que Bruno tient rangés sous ses lois.
Philosophes du jour, apôtres du sophisme,
Qui régentez le monde en prêchant l'athéisme,
Et vous ambitieux, effroi de l'univers,
Venez, pour un instant, venez en ces déserts;
Et prenant des leçons d'un courage suprême,
Apprenez le grand art de régner sur soi-même.
Ici, de la grandeur l'éclat s'évanouit;
L'orgueil baisse les yeux et le vice rougit;
Dans un calme nouveau les passions se taisent,

---

(1) Trois fois heureux, vous qui du rivage contemplez les naufrages sans courir aucun danger!

Les regrets insensés, les vains désirs s'appaisent ;
Dans le cœur attendri luit un rayon des cieux.
Le son lent et plaintif de la cloche qui tinte,
Le cloître où l'œil se perd, son jour mystérieux,
Les cantiques sacrés dont retentit l'enceinte,
Tout élève l'esprit à Dieu qui seul est grand
Et de nos vanités atteste le néant.
D'un zèle antique et pur conservateurs fidèles,
Qui cueillez de la foi les palmes immortelles,
Ah ! ne regrettez pas nos impures cités,
Nos folles passions, nos trompeuses délices ;
Pour les profanes cœurs elles ont des supplices
Plus rigoureux cent fois que vos austérités.

Gabriel de Moyria.

Veni, vidi et obstupui.

Having passed thre days beneath this hospitable roof, then y have experienced sensations never to be forgotten. I take my leave of the pious and venerable fraternity, impressed with every sentiments of the higesth veneration and respect.

Hæc olim meminisse juvabit (1).

George Nesbitt.

(1) Je suis venu, j'ai vu, j'ai admiré. — Ayant passé trois jours sous ce toit hospitalier, j'ai éprouvé des sensations que je n'oublierai jamais. Je prends congé de cette pieuse et vénérable congrégation, pénétré des plus hauts sentimens de vénération et de respect. — Je m'en souviendrai toujours avec plaisir.

Enfin nous l'avons vu cet asile sacré,
Où d'un siècle pervers à jamais séparé,
En Dieu l'homme de bien goûte un bonheur suprême,
Et dans la paix du cœur sait jouir de soi-même.
Heureux ! cent fois heureux ! qui pourrait comme lui
Quitter pour le désert le monde et son ennui,
Et du destin jaloux défiant l'inconstance,
Attendre ici la fin de sa triste existence !
Pour nous, faibles jouets des caprices du sort,
D'un éternel adieu nous saluons ce port.
Disciples de Bruno, vertueux solitaires,
Du secret d'être heureux sages dépositaires,
Si les vœux des mortels ne sont pas impuissans,
Puisse exaucer le ciel nos cœurs reconnaissans.

D. D. B. L.

Sancta cohors, magnâ patriæ turbata procellà,
 Has spontè antiquas deseruêre domos :
Verùm ubi cesserunt venti, et lux reddita cœlo est,
 Sicut aves nidos expetière suos ;
Cara iterùm nemora et pietate tenebrantia rupes,
 Lassi viderunt hospita tigna senes,
Rumpere jam sacro nocturna silentia cantu,
 Et veteres læti restituisse lares.
Bis profugi è mundo, bis vitæ fluctibus acti,
 Hoc portu nôrunt speque fideque frui (1).

Henry Halam.

(1) Cette troupe sainte, agitée par la grande tempête de la patrie,

Pieux fils de Bruno, si chers à l'Éternel,
La piété long-temps avec vous fugitive
Célèbre dans ces lieux son retour solennel.
En ce séjour sacré la foi devient plus vive ;
On s'éloigne du monde, on s'approche du ciel.
Ce monde n'est pour vous qu'une terre captive
Dont vous ne conservez qu'un souvenir cruel :
Ah ! qui peut, revoyant le temple d'Israël,
Regretter les palais de l'impure Ninive.

BLANCHART.

Tout m'enchante en ce lieu paisible,
Tout me dit qu'on y vit heureux ;
Ces noirs sapins, ces abîmes affreux
A mes yeux n'ont rien de terrible,
Et j'aimerais le sort des bons Chartreux.
Mais un seul point vient ralentir ma flamme ;
Ce silence éternel glace mon cœur d'effroi ;
Lecteur, tu devines pourquoi,
C'est que je suis..... une femme.

CLOTILDE.

quitta tout à coup son antique demeure : mais dès que les vents s'appaisèrent, et que le ciel eut repris sa sérénité ; comme des oiseaux qui rentrent dans leur nid, ces vieillards fatigués virent de nouveau ces sombres forêts si chères à leur piété, ces rochers, ces toits hospitaliers ; et, dans la joie de retrouver leur ancienne demeure, ils interrompent le silence des nuits par leurs cantiques sacrés. Deux fois ils ont fui le monde ; deux fois agités par les flots de la vie, ils apprirent à jouir dans ce port de la foi et de l'espérance.

O benheurousa Chartrousa ! tant aven agû de plaisi à te veni veïre, tant aven de peno à te quittà (1).

Alix Roux, Pauline Denante,
Zoé Valz.

On peut juger par cet extrait du nombre et de la variété des pièces que contient cet album, et par ce qu'il est devenu en si peu de temps (2) de ce que devait être celui qu'il a remplacé, formé pendant tant d'années et des circonstances si diverses. Mais reprenons notre récit.

Les averses qui avaient eu lieu toute la nuit continuaient encore le matin, et nous

---

(1) J'espère qu'on me pardonnera de finir par cet élan cordial de trois villageoises, si naïvement exprimé en patois de nos provinces méridionales : « O bienheureuse Chartreuse ! autant nous avons eu de plaisir à venir te voir, autant nous avons de peine à te quitter ».

(2) Du mois de juin 1817 au mois de septembre 1822. M. de la Martine a publié dans ses *Méditations poétiques* des stances improvisées à la Chartreuse. Il a sans doute fait ce voyage après moi; son nom et ses vers ne m'auraient pas échappé.

menaçaient d'une suite de journées pluvieuses. Pour ne pas s'exposer à être fermés par le mauvais temps, il faut partir sans délai : nous marcherons par un vallon plus habité que celui que nous avons suivi ; nous trouverons des hameaux, des fermes, des abris ; il y aurait du malheur si nous n'arrivions pas à Grenoble avant la nuit. Nous renonçons donc à gravir sur le *grand som*, quoiqu'on nous assure que sans cette excursion notre voyage ne peut être complet ; mais il faut le pouvoir, et le temps s'y oppose : les guides ordinaires nous disent même que le chemin est actuellement impraticable et dangereux ; il serpente sur des crêtes étroites, bordées de précipices, rendues glissantes par la pluie, et où le brouillard empêche souvent de se reconnaître. Que peut-on voir de ce pic élevé ? un horison d'une vaste étendue, où rien ne fixe le regard et ne captive l'attention ; des cimes sans nombre et sans fin surmontées par les glaciers des Alpes encore plus élevés, et pas un premier plan ;

nous ne les verrions pas sous les nuages qui les couvrent. Ils s'élèvent un moment, le soleil brille de nouveau, profitons-en. Nous avions déjeûné et entendu la messe. Dom Bruno, que nous allâmes saluer, nous fit, ainsi que Dom procureur, les plus vives instances pour nous engager à attendre le retour du beau temps. Notre absence était calculée ; nous partîmes en prenant la route de Grenoble par le Sapey, celle qui nous restait à voir pour achever notre pélerinage et la description du désert.

Il est bien loin d'avoir de ce côté le magnifique caractère de celui que nous avions parcouru depuis Saint-Laurent-du-Pont. On n'est plus entouré de ces montagnes sublimes couvertes de forêts impénétrables ; on ne marche plus au bruit des torrens et des cascades ; on ne rencontre plus de ces accidens imprévus qui vous étonnent et vous charment : c'est encore une belle campagne ; ses points de vue sont agréables, plusieurs même ressemblent à ceux de l'autre partie du désert, dont ils empruntent quelques traits; mais ils leur sont bien inférieurs, et, en général, il n'y a entre eux aucune comparaison : en un mot, cette partie de la route n'a aucune des beautés de l'autre, et ceux qui se borneraient à la parcourir en négligeant la première, pourraient dire n'avoir rien vu. C'est cependant ce qui arrive aux voyageurs qui, montant par Grenoble et le Sapey, suivent une route difficile et rude dont les fatigues ne sont compensées par aucun avantage, puisque après avoir gravi pendant plus de trois heures la haute montagne du Sapey, on ne voit, comme partout ailleurs, que des vallons, des chaumières, des cultures sans aucun trait particulier qui leur donne un caractère, et que l'entrée du désert, bien moins remarquable que celle de Fourvoirie, n'est pas éloignée du monastère de plus de trois-quarts d'heure de marche, par un chemin fort ordinaire, que nous allons néanmoins parcourir et décrire.

En quittant la Chartreuse, on descend entre deux haies, à travers les prairies et par un sentier monotone, jusqu'à la Courrerie, environ demi-lieue de distance. Cet établissement, que j'ai nommé plusieurs fois, était jadis très-intéressant par les manufactures de toute espèce que les Chartreux y avaient placées. Là, des malheureux rassemblés de toutes les vallées voisines, qui eussent erré dans un triste vagabondage, et que l'hiver et ses rigueurs eussent surpris sans ressources, étaient reçus et trouvaient, avec le travail, un abri contre le froid et la misère. On y fabriquait des draps, des toiles, des souliers, des vêtemens à l'usage des diverses maisons de l'ordre; une imprimerie leur fournissait les livres de chœur et autres adoptés par les réglemens. Près de deux cents volumes de ce genre sont déposés à la bibliothèque de Grenoble, et celle de la Grande-Chartreuse en a recouvré plusieurs qui ne présentent d'autre intérêt que d'avoir été imprimés à la Courrerie dont ils portent le nom; il est même remarquable que cette presse n'ait pas suivi les progrès qu'elle faisait partout, et qu'un laïque ait toujours été chargé de la diriger. On voyait aussi à la Courrerie une église et un presbytère où résidait Dom courrier qui présidait à cet établissement, et y exerçait les fonctions curiales. C'était là où les nombreux ouvriers des forges et des martinets construits plus bas sur le bord de la rivière venaient chaque dimanche entendre la messe, recevoir avec leur salaire les instructions plus précieuses des religieux, et remercier Dieu de leurs bienfaits. Tout cela n'existe plus. D'immenses bâtimens tombent en ruines; ces vastes ateliers, autrefois si peuplés, sont aujourd'hui déserts; les toits se sont écroulés; les combles ont écrasé les planchers et les voûtes, et tous ensemble obstruent de leurs déplorables débris les salles basses jadis consacrées au travail. Quelques fenêtres ont encore conservé des volets et des vitres, comme un témoignage de leur splendeur première et de l'indifférence de leurs nouveaux gardiens : mais les escaliers sont brisés et interrompus, les fontaines sont à sec, les réservoirs sont épuisés, les aqueducs ont laissé échapper leurs sources; tout est délabré, triste et mort dans cet ancien séjour de l'activité et de l'industrie. Cette heureuse et florissante colonie n'a plus un habitant, et l'herbe croît à foison dans ces cours jadis si fréquentées. Une seule laiterie, beaucoup trop vaste pour le petit troupeau qu'on y renferme, atteste moins l'ancienne opulence de ces lieux que la détresse actuelle de leurs propriétaires.

Cet établissement, dont les accroissemens ont été successifs, date de 1296, époque où, comme nous l'avons dit, les Chartreux quittèrent leurs premières cellules pour habiter plus bas, dans les vastes prairies où étaient leurs nombreux troupeaux : ils les transférèrent à la Courrerie, et y fondèrent peu à peu, suivant les besoins et les occurences, les diverses manufactures dont nous avons parlé. Plusieurs fois leurs espérances furent contrariées et même entièrement ruinées par divers accidens. On remarque que les incendies ne l'ont pas plus épargnée que la maison principale. Le plus ancien de ces événemens que l'on ait constaté est du 20 novembre 1444. Un siècle après, les protestans dévastèrent la Courrerie, en 1562; elle brûla de nouveau en 1589, et le dernier incendie général est du 22 juin 1674. Les constructions actuelles sont donc postérieures à cette époque, et, en effet, on ne reconnaît des traces d'une plus haute antiquité que dans des terrasses et quelques murailles assez fortes pour résister aux flammes. L'état de désolation de cet utile établissement est aujourd'hui plus déplorable que jamais, par l'impuissance où les Chartreux se trouvent de le relever, ainsi qu'ils ont fait tant de fois, pour l'inappréciable avantage des contrées voisines. Quelques domestiques sont chargés du soin des vaches et de la laiterie; tout le reste se dégrade chaque jour et ne laissera bientôt plus que des regrets. D'autres Chartreuses avaient aussi leur Courrerie, séparée comme ici de la maison claustrale. Le mouvement et le bruit inévitables dans ces sortes d'établissemens, les rendaient peu compatibles avec le recueillement et le silence que la règle prescrit aux monastères de cet ordre.

A peu de distance de la Courrerie, on se retrouve dans les bois. Là sont encore de beaux arbres : les chênes, les sapins, les hêtres y disputent encore de hauteur et de force, sur un sol fertile, parfaitement disposé pour entretenir leur vigueur; ils ont encore de belles formes; ils produisent encore de beaux effets; l'artiste peut encore étudier avec fruit l'élégance majestueuse, la noble fierté de leurs groupes, la variété pittoresque de leur feuillage, les jeux inattendus de la lumière et de l'ombre dans l'entrelacement de leurs branches; mais il y chercherait en vain cette horreur sauvage, cette âpreté sublime, résultat des masses de roches et de forêts qui distinguent l'autre route, et surtout ces pics aériens qui lui donnent un caractère que rien ne saurait égaler. Le chemin descend à mi-côte, par une pente douce et peu variée, dont les sinuosités arrondies se rapprochent du Guyer qui déjà forme un torrent rapide, mais n'a pas encore atteint les précipices. Sur les bords de la rivière sont quelques habitations qui détruisent l'idée du désert : qu'elles sont différentes de ce qu'elles furent autrefois ! C'étaient ces martinets, ces forges, ces usines que le père Mandar, oratorien, qui les avait vus en 1780, décrit avec tant de vérité en ces beaux vers :

. . . .
L'œil ardent, les bras nus et les cheveux épars,
On voit là le travail animer tous les arts.
. . . .
Partout, au mouvement l'adresse s'associe :
Ici tonne l'enclume et là frémit la scie;
Dans le flanc des fourneaux par Éole allumés

On entend bouillonner les métaux enflammés ;
Le feu, l'air, tout agit, et le long des rivages
Les flots précipités font mouvoir cent rouages.
Le bruit des balanciers, des forges, des marteaux,
Le fracas des torrens doublé par les échos,
Les ressorts, les leviers et le jeu des machines,
Un si grand appareil au milieu des ruines.....

Il n'y a plus rien de tout cela. Quelques malheureux charbonniers, fléau de ces forêts, traînent ici leur misérable existence : leur nécessiteuse oisiveté remplace l'activité qui enrichissait leurs pères ; ils croupissent sous des chaumières obscures, tristes débris des fabriques chantées par le poète, et les feux qu'ils alimentent des restes de ces bois que la pitié leur accorde, sont encore un bienfait des Chartreux qui les avaient plantés.

Bientôt le désert se termine comme il a commencé. Deux hautes roches nues, sèches, grisâtres et d'un seul bloc, dont les pans perpendiculaires se rapprochent par le haut, en laissant plus d'écartement à leur pied, donnent passage au Guyer, qui, pour entrer dans le désert, semble se l'être frayé de force, en rongeant l'intervalle qu'il remplit tout entier. La cime de ces roches admet à peine quelque végétation. La base de celle qui est à gauche est couverte par la chaussée construite dans le lit du torrent qu'elle ne resserre qu'en un seul point. Elle est plus large, moins tortueuse, moins difficile que celle de Fourvoirie; la rivière est aussi plus tranquille, et si, pour compléter la clôture ou servir d'écluse aux usines, on n'eût pas fait un barrage sous l'arche du pont qu'il faut traverser, l'eau passerait sans bruit, et le torrent manquerait de cascade. Cette porte du désert est moins sauvage, moins abrupte que l'autre; mais elle a quelque chose de plus élégant et peut-être de plus grandiose. La première étonne, la seconde plaît : la nature qui se montre là dans une majesté plus sévère, n'est pas ici sans grâce et sans ornemens. En un mot, ce tableau prépare bien aux beautés sans nombre qu'il faut chercher sur l'autre route ; mais il est le seul de cette espèce pour qui ne voit que celle-ci (1).

Au-delà du pont, qui est clos à chaque extrémité par un pavillon fermé, les vallons s'ouvrent tout à coup et laissent voir une campagne d'un autre style. De nombreuses chaumières semées loin de la route sur des pentes légères, ou diversement groupées au milieu des prairies; des bois taillis entremêlés de champs cultivés jusqu'au sommet des montagnes, décèlent la présence de l'homme, et vous avertissent que vous êtes sortis du désert. A gauche, et presque sur le revers du Grand-Som, qui domine encore le paysage, est le village de Saint-Pierre-de-Chartreuse, dont le site choisi à l'exposition du midi est une pré-

(1) Cette entrée du désert est très-correctement représentée dans un des beaux tableaux de Lesueur, sur un cartouche porté par des anges. Le point de vue est pris de la chapelle de saint Hugues que nous trouverons bientôt.

caution contre l'âpreté du climat. C'est ce village qui a donné son nom au désert et à l'ordre qui y jeta ses racines : car il est remarquable que, dans l'acte de donation, le désert n'est point désigné par un nom particulier, et que celui de *Chartreuse* n'y est pas même prononcé ; mais pour ceux qui y viennent de Grenoble par le Sapey (seule route existante au temps de saint Bruno), ce village est le dernier qui se montre à l'entrée du désert ; il n'est donc pas étonnant qu'après avoir servi à le désigner il lui ait enfin donné son nom.

La route s'élève pendant quelques centaines de pas, et l'on se trouve entre une grande maison nommée le *Grand-Logis* et la petite chapelle de saint Hugues, fabrique moderne d'un assez bon style, d'où l'on aperçoit encore l'intérieur du désert ; mais l'on sent trop qu'on le voit pour la dernière fois, et déjà autour de vous tout a changé de face.

Le chemin devient désagréable et monotone : il faut traverser des marais sur un pavé décharné, glissant et rempli d'eau, où l'on rencontre quelques barraques pleines de mendians qui vous assaillent avec importunité. Quelle différence avec les beaux vergers et les riches fermes du vallon de Saint-Laurent ! Ici, tout est pauvre, triste et commun : on s'afflige de retrouver des hommes, parce qu'ils sont malheureux et souffrans. Bientôt on monte à travers des forêts de sapins que la hache éclaircit chaque jour; la route est semée de leurs débris; on marche sur les branches livrées à la pourriture; les troncs dépouillés encombrent le chemin; ils sont couchés de toutes parts, attendant d'être traînés à leur tour sur les bords de l'Isère et livrés au commerce : mais l'on ne peut se dissimuler que l'insouciance des bûcherons ne tende à une ruine rapide et complète, puisqu'ils attaquent indifféremment tout ce qui est à leur portée, sans égard pour l'âge ou la force de ces rejetons, dont quelquefois le bois est à peine formé. Au pied de ces sapins, on trouve souvent de grands amas de leurs feuilles de plus d'un mètre de base et d'élévation ; ce sont des fourmilières, dont les habitans, remarquables par leur grosseur et leur activité, au lieu de se creuser des retraites souterraines, se font avec les aiguilles de ces arbres une demeure où les froids les plus rigoureux ne peuvent les atteindre.

On arrive bientôt sur les pelouses du pic de Chaumazade. C'est une montagne moins haute que le Grand-Som, mais plus élevée que le site de la Grande-Chartreuse, et l'un des plus remarquables de cette partie des Alpes. Sa cime est un rocher chauve, arrondi, délavé par les pluies, dont la pente la plus rapide plonge vers le midi et forme le bassin du Sapey. Sur la pente opposée, les terres amoncelées dans toutes les directions produisaient de belles forêts que les Chartreux entretenaient jadis avec soin : ils y avaient bâti à cet effet, près du point culminant de la route, une vaste grange aujourd'hui abandonnée, dont les masures, propres à recéler des brigands, ne peuvent qu'effrayer le voyageur, et le laissent sans asile dans ces lieux sauvages exposés par leur élevation à des tourmentes dangereuses et fréquentes. Nous y passâmes sous un brouillard humide qu'une bise glaciale faisait flotter autour du pic, tantôt découvert, tantôt caché à nos regards. Un nombreux troupeau de moutons paraissait abandonné sur ces stériles pâturages : ses deux gardiens, accroupis près d'un feu, n'avaient pour retraite, pendant la nuit ou le mauvais temps, qu'une mauvaise cabane de branches de sapin, où ils ne pouvaient se tenir debout, et bien inférieure à celle d'un Hottentot dont ils n'annonçaient pas l'intelligence.

Au reste, si cette route n'avait pas été faite pour l'exploitation de ces forêts, elle serait très-mal entendue sur ces parages élevés, toujours couverts de brouillards ou de neiges; lorsqu'il eût été si facile de les éviter par un détour, en conservant un niveau plus constant, une température plus douce et plus égale. Ce qui en fait surtout ressortir les inconvéniens, c'est qu'arrivé à une très-grande hauteur, on descend tout à coup sur le Sapey par le chemin le plus roide, le plus impraticable, le plus dangereux qu'il soit possible d'imaginer. Il est creusé, par les sapins que l'on y traîne, comme le canal d'un moulin, à une grande profondeur, dans une terre argileuse et mouvante, par une pente rapide, où l'humidité entretient une boue tenace et glissante qu'il est impossible d'éviter, quoique le fond de ce passage, à peine assez large pour une seule personne, soit pavé de gros cailloux qu'il faut descendre avec précaution, comme les marches d'un escalier rompu et inégal. Après ce dangereux détroit, la pente devient encore plus difficile par son escarpement; mais le terrain ayant plus de consistance, permet de choisir entre les divers sentiers que le caprice ou le besoin ont tracés de toutes parts, et qui mènent tous au même but, dans le fond du vallon que vous voyez là-bas à une grande distance. Nous eûmes beaucoup de peine à descendre par ces chemins désagréables, et nous nous félicitâmes de n'être pas obligés à les monter.

Cependant nous marchions depuis trois heures, et ce trajet pénible nous faisait désirer quelque repos que nous allions chercher près du village du Sapey, assez loin de la route, lorsque nous demandâmes à un jeune homme qui aiguisait une faux près de sa chaumière, s'il pouvait nous fournir du lait. Il appela sa mère qui nous ouvrit sa porte, et nous trouvâmes auprès d'un bon feu une jeune et jolie paysanne, grasse et fraîche, allaitant un enfant qu'elle quitta pour nous servir. Elle nous donna du lait excellent dans des écuelles de terre très-propres, avec des cuillers de bois et du pain de seigle; tout cela accompagné de tant d'empressement, de bonne grâce, de cordialité, de véritable hospitalité, que je manquerais à la reconnaissance si je n'en consignais ici l'expression. Pendant ce repas que nous fîmes de bon appétit, il y eut plusieurs averses, et nos hôtes, qui étaient francs, sincères et droits, nous donnèrent des informations sur l'exploitation de ces forêts, et le transport dangereux des bois par ces chemins scabreux souvent couverts de neige et de verglas. Nous remarquâmes la cheminée de leur chaumière, dont le tuyau construit en planches est d'une forme pyramidale, très-évasée par sa base, et peut se fermer au-dessus avec une trappe, pour que la chaleur du foyer ne s'évapore pas. On retrouve, dit-on, cette construction en Laponie : tant il est vrai que l'instinct, même dans l'homme, produit, sans qu'il s'en doute, les mêmes résultats dans des circonstances semblables. Cette conformité dans les usages tient sans doute à celle du climat.

Notre hôte voulut nous reconduire à travers sa prairie, jusqu'à la route que nous devions reprendre, et qui traverse le plateau où sont éparses les chaumières qui forment la commune du Sapey. Cette position, quoique très-élevée, est bien abritée contre les vents du nord, et entourée de monticules couverts d'épais taillis. Bientôt le chemin tracé sur un rocher calcaire, qui le rend très-raboteux, plonge et se précipite dans une étroite vallée, creusée par un torrent qu'on entend sans cesse mugir à ses côtés, sans presque l'apercevoir sous les halliers où il se cache. Mais au milieu des fatigues causées par l'âpreté de cette route, on est dédommagé par la plus belle source que présente toute cette partie du voyage. Elle est sur le bord du chemin, au pied d'une haute roche, dont les couches inclinées annoncent un antique éboulement causé peut-être par le courant de ces eaux. Cette roche est hérissée de broussailles et couronnée de grands arbres; elle laisse une crevasse transversale, tapissée d'une mousse noirâtre, d'où s'échappe en bouillonnant une large nappe d'eau, qui se divise en écumant avec bruit sur les pointes des rochers inférieurs, et disparaît sous le chemin qui la traverse. L'aspect inopiné de ce bel accident cause la plus agréable surprise, et compense à l'instant tous les désagrémens de cette triste route. Cette cascade n'est pas comparable à celles que nous avons vues dans le désert; mais elle les annonce ou les rappelle, suivant la direction que prend le voyageur. Celui qui la connaît pourrait la chercher avec plaisir, mais seulement en descendant de la Grande-Chartreuse; car en montant ce serait l'acheter trop cher. Cette fontaine est permanente; elle est marquée sur les cartes de Cassini.

Pendant plus d'une heure encore, on continue à descendre de hautes collines bien boisées, qui ne laissent pressentir aucune issue. Tout à coup, d'une crête élevée, la vue s'étend sur la belle vallée où domine Grenoble. La chaîne des montagnes qui l'enferment les présente dans toute leur majesté : leurs cimes nues et pittoresquement découpées sont blanchies d'une neige presque perpétuelle ; la ligne horisontale et fortement prononcée où elle cède à une température plus douce, semble réunir sans intermédiaire les saisons opposées : les bois de la plus fraîche verdure vont cacher leurs bordures jusque sous le manteau des frimats ; tandis qu'à leur pied, sous l'influence d'une température modérée, tous les trésors de la culture se déploient dans une merveilleuse abondance. La plaine, car c'en est une très-unie, parsemée de maisons de campagne agréables, paraît un jardin varié de plantations diverses, arrosé par l'Isère, dont le cours sinueux semble, dans cet éloignement, un faible ruisseau destiné à le féconder et l'embellir. Cette rivière, aux eaux troubles et rapides, resserrée par des rives cultivées et serpentant avec mollesse, n'est pas plus reconnaissable alors que le

Drac qu'on aperçoit plus loin, faible torrent quand il n'est pas grossi par les pluies, mais qui dans son courroux est capable des plus épouvantables ravages. On voit blanchir dans les vallons qu'il occupe souvent tout entiers le large lit de gravier qu'il s'est formé : on le croirait un fleuve important, si le mince filet d'eau qui reflète la lumière ne suffisait pour le faire apprécier et réduire, comme tant de sots impertinens, à sa juste valeur.

Une heure après, nous arrivâmes à Grenoble, les jarrets brisés de la fatigue d'une descente si rapide et si longue.

Ici devrait se terminer ma relation ; mais je voulais connaître les restes de l'ancienne bibliothèque des Chartreux, conservés dans celle de cette ville; et ce motif se rattachant à l'objet de mon voyage, je dois compte au lecteur du résultat de cette recherche. J'y employai le jour suivant, et je fus secondé, avec la plus aimable complaisance, par M. Ducoin, conservateur de cette précieuse collection. D'après le catalogue raisonné qu'il en a dressé, il voulut bien mettre sous mes yeux les anciens manuscrits provenus de la Grande-Chartreuse, qui méritent quelque attention (1). Ils sont encore au nombre de 489, presque tous parfaitement conservés, écrits avec soin sur vélin ou parchemin ; et quoique les sujets de ces livres n'aient pas pour nous l'importance qu'ils avaient avant la naissance de l'imprimerie, ils sont néanmoins précieux comme monumens, et attestent les soins de l'ordre à qui nous les devons.

Telles sont mes observations, dans un voyage de quatre jours, depuis Voreppe jusqu'à Grenoble, en passant par la Grande-Chartreuse. J'ai tâché de prendre des informations exactes, et de ne rien omettre d'essentiel. Si, avant de partir, j'avais eu

(1) Voyez cette notice à la fin du volume, note v.

le dessein d'écrire mon voyage, je me serais muni d'instrumens propres à mesurer les hauteurs, à conserver les produits naturels, etc., etc., et j'aurais pu offrir à cet égard des résultats plus satisfaisans. Je ne m'y suis déterminé que par la piquante variété des objets qui s'offrirent à mes regards, et la vivacité des impressions que j'en recevais. J'ai cru intéresser le lecteur, en lui montrant le lieu le plus digne de sa curiosité, par la réunion des sites les plus admirables et l'exemple des plus sublimes vertus.

NOTES.

Note 1, page 104.

Depuis que cet ouvrage est écrit, j'ai eu occasion de mieux observer ce reptile, dans un voyage que j'ai fait au Gerbier-de-Jonc, montagne du Vivarais, où la Loire prend sa source. J'étais à pied, suivant mon usage, accompagné de mon jeune fils, et dessinant tout ce qui se présentait. Surpris par une averse, près du pont de Cherville, au-dessous de Chalancon, canton du Chaylard, dans un vallon solitaire et couvert de bois comme ceux de la Grande-Chartreuse, nous rencontrâmes plusieurs de ces salamandres que l'humidité de l'air invitait à sortir de leurs retraites : elles se traînaient avec un instinct de volupté sur un chemin rempli d'eau et par une pluie battante. J'en recueillis deux dans un cornet de papier, et je les mis une heure après dans une fiole de verre, pour les conserver et les étudier.

Elles avaient huit pouces de longueur du bout de la tête au bout de la queue; le corps seul avait cinq pouces. La forme générale est celle d'un lézard court et ramassé; la peau est d'un beau noir, très-luisant; de chaque côté du dos sont des taches du jaune le plus vif, longues, inégales et irrégulièrement interrompues, qui, partant de dessus les yeux, s'étendent jusque sur la queue; des taches semblables sont sur les flancs, les cuisses, les jambes et jusqu'aux orteils; le ventre est d'un gris obscur. La tête plate et quarrée de ce reptile approche plus de celle de la grenouille que du lézard. Sa gueule est très-fendue; je ne l'ai jamais vue ouverte. Ses yeux sont noirs, brillans, très-arrondis et proéminens; ils doivent recueillir un grand faisceau de rayons, et lui servir dans les souterrains obscurs qu'il habite : ils sont recouverts d'un gros bourlet jaune qui contribue beaucoup au caractère de la tête. La paupière se ferme de bas en haut, comme celle des oiseaux. L'ouïe n'a aucun organe extérieur, mais elle paraît très-délicate, à en juger par l'attention qu'ils prêtaient au seul bruit de nos pas; ils s'arrêtaient, la tête levée, et se haussant autant que possible sur leurs petites jambes, ils se donnaient à leur manière une attitude menaçante. A cette description on peut reconnaitre la *salamandre terrestre,* que les auteurs du nouveau *Dictionnaire d'Histoire naturelle* disent originaire de l'Amérique septentrionale.

Ces petits animaux, qui ne se montrent que rarement, sont vus avec effroi par les habitans du pays, qui les nomment *tebrènes.* A l'exception de quelques personnes raisonnables qui ne savaient qu'en dire, tous en témoignaient de l'horreur et en faisaient des contes épouvantables : leur présence, disaient-ils, empoisonne les eaux; leur souffle est un venin subtil capable de donner une mort subite : ils les craignaient beaucoup, et admiraient mon courage. J'ignore s'ils ont du venin ou d'autres armes que leur laideur; je ne les ai pas touchés avec la main, et quoique j'ai pu les irriter en les faisant rentrer de force dans le cornet d'où ils voulaient sortir, ils n'ont jamais fait mine de mordre ou de se défendre. Accoutumés à se cacher, ils se sont jetés par une sorte d'instinct dans le goulot étroit de ma bouteille; s'ils tentaient parfois d'en soulever le bouchon, c'était sans impatience et sans colère, et peut-être par le besoin d'air pur, leur respiration paraissant très-vive. Ils dorment la nuit d'un sommeil assez léger, qu'interrompt facilement la lumière ou le bruit. Ils aiment l'humidité, mais ils craignent l'eau; car ils évitaient celle que j'avais mise au fond de la bouteille et en paraissaient incommodés, surtout si leur tête y plongeait : cependant ils habitent de préférence le bord des eaux, et on les trouve fréquemment dans les citernes et les conduits de fontaines. Je ne pus les conserver vivans que pendant peu de jours.

Note 11, page 160.

Quelques personnes ont paru croire que le tableau que je trace ici de la rentrée des Chartreux dans leur monastère était le fruit de l'imagination, ou que j'avais cherché à l'embellir : je dois me justifier, en leur prouvant que j'ai beaucoup abrégé les détails intéressans que j'aurais pu en donner, parce que, ayant été imprimés, ils sont connus du public. Voici, en faveur de ceux qui ne la connaissent pas, un extrait de cette relation, qui se vend à Lyon, chez Rusand, sans nom d'auteur; mais une note apprend que M. Bossard, supérieur du séminaire de Grenoble, a autorisé l'auteur à se servir de son nom pour constater l'authenticité de cette relation (1).

« Dom Moissonnier, ancien supérieur de la Chartreuse de la Part-Dieu, au canton de Fribourg, en Suisse, alors supérieur-général de l'ordre, arriva à Saint-Laurent-du-Pont le 8 juillet 1816 : il fut reçu par la population entière de cette vallée, harangué par le vicaire-général, conduit à l'église; et après diverses prières..., les processions prirent en chantant le chemin de Fourvoirie, premier hospice à l'entrée du désert, où se trouvaient encore rassemblées un grand nombre de personnes. Là, il se fit une distribution d'aumônes, et une partie en fut remise à M. le curé de Saint-Laurent pour ses paroissiens.

---

(1) M. Bossard, vicaire-général du diocèse de Grenoble, représentait son évêque à cette cérémonie, et y tenait le premier rang. On le dit auteur de la relation.

» Après environ trois heures de repos, on se mit en route pour la Grande-Chartreuse, distante d'environ deux lieues. Plusieurs ecclésiastiques et autres personnes recommandables précédaient le R. P. Général, et passèrent avec lui la première porte qui ouvre le désert. Ici, on parut transporté dans un monde nouveau : de côté et d'autre, de hautes montagnes couvertes d'arbres, séparées par un intervalle de dix ou quinze toises, au plus, s'élevaient jusqu'au ciel; à leur pied, coulait vers la gauche avec un épouvantable fracas le Guyer, très-resserré dans son cours par des blocs énormes de pierres qu'il blanchissait d'écume. A droite, un chemin étroit d'environ huit pieds, taillé par intervalles dans le roc, soutenu quelquefois sur des voûtes, côtoie les montagnes, comme suspendu au pied des précipices, et s'élève sur la gauche du torrent. Ce n'est plus cette belle route en pente douce, autrefois ouverte et entretenue par les soins conservateurs des solitaires; aujourd'hui elle est sillonnée dans presque toute sa longueur par des ornières larges et profondes, formées par les pièces de bois que l'on y traîne depuis un grand nombre d'années. Ici, elle est obstruée par des fragmens de rochers descendus des montagnes, et qui ferment le passage en beaucoup d'endroits; là, ce sont des dégradations irréparables, des ravins formés par les pluies, et qui ont entraîné dans le chemin des terres que des coupes de bois faites avec trop peu de discernement ont fait descendre du haut des montagnes où les arbres les retenaient. Maintenant, sur ces flancs stériles aucune végétation ne pourra croître; et on ne peut prévoir quelle sera la suite de ces dégradations. C'est cependant ce chemin de précipices qu'il faut parcourir.

» On rencontrait par intervalles des compagnies d'hommes et même de femmes qui venaient pour la dernière fois visiter le désert : on voyait aussi sur la route des enfans qui venaient de la Chartreuse au-devant du R. P. Général. A peu près à la moitié de la distance de Fourvoirie au monastère, on passe sur la rive droite du torrent que l'on traverse sur un pont d'une seule arche appelé le *Pont-Péran*. Toute la partie droite qui servait de garde-fou a été renversée dans le Guyer, et il serait téméraire de franchir ce passage sans précautions.

» Tous les obstacles que l'on rencontre dans le chemin empêchent de se livrer aux réflexions qu'inspire le désert, à cause de l'attention continuelle qu'exigent les précipices. Nous arrivons au fort l'OEillet, bâti autrefois pour arrêter les incursions de Mandrin; il n'en reste plus aujourd'hui qu'une masure et des ruines. Tout à coup, nous apercevons dans le lointain une croix, des pénitens et une réunion considérable de personnes qui se reposaient en attendant le R. P. Général.

» C'étaient les habitans des trois communes formant la paroisse de Saint-Pierre-de-Chartreuse, qui, au nombre d'environ huit cents, étaient descendus de leurs villages, ayant à leur tête M. le curé, accompagné de MM. les maires et adjoints, qui étaient venus présenter au R. P. leurs respectueuses félicitations. Le détachement des employés aux douanes, en grand uniforme, était aussi descendu pour prendre part à la joie commune. Dès qu'ils aperçurent le R. P., le chef de cette petite troupe commanda le feu, et aussitôt il se fit une décharge de mousqueterie, dont les échos prolongés firent retentir au loin les montagnes et les vallées profondes du désert.

» M. le supérieur du séminaire présenta encore ici MM. les maires et adjoints et les employés aux douanes. Le R. P. Général fut très-sensible à toutes ces marques d'attention, et il en témoigna avec bonté sa reconnaissance. On se remit ensuite en procession, et pendant les trois-quarts d'heure qui restaient à parcourir pour arriver à la Chartreuse, on chanta des psaumes, des litanies que les échos ne répétaient plus depuis long-temps.

» A quelque distance du monastère, sortent tout à coup du désert trois Chartreux, en habit régulier, une croix de bois à la main : à leur recueillement vous les auriez pris pour trois compagnons de saint Bruno. Ils s'avancent vers le R. P. Général, se prosternent humblement à ses pieds, et lui demandent sa bénédiction : il la donne avec une dignité mêlée de joie à ces nouveaux compagnons de sa chère solitude, et continue de marcher vers la grande porte d'entrée. Là, toute la procession s'arrêta ; les ecclésiastiques et un petit nombre de personnes entrèrent dans la grande cour. Le R. P. mit pied à terre, entra dans le petit cloître, et fut conduit au chant du *Benedictus* dans son appartement, pour prendre le repos dont il avait besoin.

» Des rafraîchissemens avaient été préparés dans une grande salle pour les personnes qui formaient le cortége. Il était environ six heures du soir : une curiosité bien naturelle nous porta à profiter du reste de la journée pour parcourir à la hâte quelques parties de ce beau monastère que l'on prendrait pour une ville, et qui, après tant d'années de solitude, revoyait quelques-uns de ses anciens habitans.

» Mais quel triste spectacle se présente à l'œil observateur ! presque partout des vitraux brisés, des portes enfoncées et sans serrures, des cellules dévastées, des cloisons renversées ; tout offre l'image de la dévastation la plus complète. Comment se fait-il que parmi tant de voyageurs qui, depuis vingt-cinq ans, ont visité cette maison si pleine de grands souvenirs, l'aspect de ces lieux n'ait inspiré à aucun ni une pensée, ni une sentence à laquelle l'esprit s'attache avec plaisir (1)? Sur ces murs si respectables, des mains impies et sacriléges ont tracé des dessins grotesques ou des inscriptions qui annoncent toute la dépravation du cœur. Aucune cloche, aucune horloge ne se faisaient entendre : je prêtais une oreille attentive ; le carillon ne chantait plus le *Salve Regina*, etc. »

Note III, page 196.

LISTE CHRONOLOGIQUE

Des maisons chartreuses existantes au moment de la révolution, avec la date de leur fondation et le nom des fondateurs.

FRANCE.

La Grande-Chartreuse, 1084, saint Bruno.
Chalais, 1108, Guigues-le-Gras, dauphin.
Portes, 1115, Bernard de Varrès.
Sylve-Bénite, 1116, Frédéric Barberousse.
Meyria, 1116, Ponce de la Balme.

---

(1) On verra par l'extrait de l'*Album* qu'il n'en est pas de même aujourd'hui. Serait-il possible qu'à l'époque dont parle le narrateur les murailles fussent le seul *Album* de la maison, et qu'il n'y eût rien de bon à conserver? On conçoit que tout cela fut bientôt confondu sous une couche de plâtre.

Durban, 1116, la famille de Beldémar.

Montrieux, 1117, Geoffroi, Hugues et Falco de Soliers.

Arvières, 1132, Amédée III.

Mont-Dieu, 1136, Odon.

Vaucluse, 1139, Hugues de Cuisseau.

Val-Saint-Pierre, 1140, Réginald de Rossoi.

Bouvantes, ou Val-S.te-Marie, 1144, Guigues IX, dauphin.

Bonnefoi, 1156, Guillaume Jourdan, seigneur d'Aubigny.

Seillon, 1168, Humbert de Baugé.

Laverne, 1170, Pierre Aguard.

Lugny, 1170, Gauthier de Bourgogne.

Le Val-Dieu, 1170, Rotrou.

Bonlieu, 1171, { Thibaud de Montmaur. Gérard, comte de Marviers.

Le Liget, 1178, Henri II, roi d'Angleterre.

Apponay, 1185, Thibaud.

Silignac, 1200, { Hugues de Coligny. Etienne, comte de Bourg.

Valbonne, 1203, Guillaume de Vamian.

Belcary, 1209, Henri III, roi d'Angleterre.

Montmerle, 1210, Innocent III, pape.

Glandiers, 1217, Archambaud.

Port-Sainte-Marie, 1219, Guillaume et Raoul.

Val-Saint-Georges, 1234, Hugon.

Le Parc, 1235, comtesse de Fif.

Paris, 1257, saint Louis.

Sainte-Croix-en-Jarès, 1280, Béatrix de la Tour.
Valenciennes, 1288, Guillaume d'Avesnes.
La Grande-Chartreuse, au lieu actuel, 1296, Amblard d'Entremonts.
Abbeville, 1300, Guillaume de Montfort.
Saint-Omer, 1300, Jean de Sainte-Aldegonde.
Val-Profonde, 1301, comtesse de Joigny.
Noyon, 1308, Réginald de Roucy.
Bon-Pas, 1318, Jean XXII, pape.
Gosnay, { hommes, 1320, Théodoric d'Hérisson. femmes, 1329, Mathilde, comtesse de Bourgogne.
Montreuil, 1324, Robert.
Bourg-Fontaine, 1325, comte de Valois.
Troyes, 1326, { Pierre de Marsi. Jean de Surare.
Cahors, 1328, Jean XXII, pape.
Basse-Ville, 1328, Jean Grandis.
Vauclair, 1330, Archambaud et Bernard.
Molsheim, 1340, N.
Villeneuve, 1356, Innocent VI, pape.
Castres, 1359, Raymond.
Dijon, 1383, Philippe-le-Hardi.
Pierre-Châtel, 1383, Amédée VI.
Rouen, 1384, Guillaume de l'Étang.
Nantes, 1446, François Ier.
Villefranche en Rouergue, 1450, N.
Réthel, 1477, N.
Auray, 1480, François II.

Gaillon, 1571, le cardinal de Bourbon.
Lyon, 1585, Henri III.
Toulouse, 1602, les Chartreux de Castres. [1569]
Bordeaux, 1609, Ambroise Descoubleaux.
Nancy, 1612, Charles IV de Lorraine.
Lille, 1618, Jean Levasseur.
Orléans, 1621, Louis XIII.
Moulins, 1625, Henri de Bourbon.
Le Puy, 1628, l'évêque et le chapitre du Puy.
Aix, 1633, Jean-André Ainard.
Marseille, 1633, les Chartreux de Villeneuve.
Douai, 1657, Marie Loys.

SAVOIE.

Le Reposoir, 1151.
Pommiers, 1170.
Saint-Hugon, 1172.
Aillon, 1178.
Ripaille, 1622.

PIÉMONT.

Casote, 1171.
Val-de-Paez, 1173.
Asti, 1387.
Turin, 1642, Christine de France.

GÊNES.

Gênes, 1297.

Albenga, 1315.
Savone, 1480.

TOSCANE.

Lucques, 1338.
Florence, 1342.
Pise, 1367.

NAPLES.

La Tour, 1090, Roger, comte de Calabre.
Lapadule, 1304.
Naples, 1327, Charles, duc de Calabre.
Capri, 1371.
Clermont, 1395.

ÉTATS DU PAPE.

Trisulto, 1208.
Bologne, 1334.
Rome, 1370, Nicolas des Ursins.
Ferrare, 1454.

VENISE.

Montelli, 1349.
Venise, 1422.

ALLEMAGNE.

Cologne.
Trèves.
Ratisbonne.
Wurtzbourg.
Teuschlauzen.
Astheim.
Illembach.
Grunnau.
Dulmen.
Duxi.

POLOGNE.

Dantzik.
Gelde.
Borèze.

PAYS-BAS.

Liège.
Dietz.

SUISSE.

Ittengen.
La Part-Dieu, 1306.

PORTUGAL.

Lisbonne.
Eborra.

ESPAGNE.

Scala Dei.
Montallègre.
Aula Dei.
De Fontibus.
La Conception.
Ara Christi.
Porta Cœli.
Val Christi.
Paular.
Arriago.
Miraflores.
Séville.
Xeres.
Cavalla.
Grenade.
Majorque.

Note iv, page 258.

Donation du désert à saint Bruno et à ses compagnons, en 1084.

In gratiâ sanctæ et individuæ Trinitatis, misericorditer nostræ salutis ammoniti, recordati sumus humanæ statum conditionis, et vitæ fragilis lapsus inevitabiles, quam sine termine ducimus in peccatis. Bonum itaque judicavimus, nos peccati servos, de manu mortis redimere : temporalia pro cœlestibus mutare : æternam hæreditatem prætio perituræ possessionis comparare. Ne duplici contritione conteramur, et præsentis vitæ miserias, laborum et dolorum initium sumamus. Itaque magistro Brunoni, et iis qui cum eo venerunt fratribus, ut Deo vacarent, ad inhabitandum solitudinem quærentibus, ipsis eorumque successoribus, in æternam possessionem spaciosam heremum concessimus, ego Humbertus de Mirabel, unà cum Odone, fratri meo, et cæteris qui juris aliquid habebant in prædicto loco. Ii verò sunt Hugo de Tulione, Ancelmus Garcinus, deindè Lucia; et filii ejus Rostagnus, Wigo, Ancelmus, Pontius atque Boso, præcibus et interventu prædictæ matris eorum. Bernardus quoque, Longobardus cum filiis suis, similiter et dominus abbas Siguinus de Casâ Dei, cum suorum fratrum conventu, quidquid ibi juris habere videbantur supradictis concesserunt fratribus. Ipsa verò quam eis dedimus heremus hos habet ab oriente terminos : locum qui vocatur Clusa, et rupem claudentem vallem, et pertingentem usque ad molarem, claudentem et dividentem combam caldam, et pervenientem usque ad rupem mediam quæ est super Botgesos. Deinde molarem qui ascendendo protenditur usque ad rupem bovinam : exindè molarem alium qui descendendo producitur per crepidinem Platanei, et bovinam usque ad rupem quæ est suprà furnum de la Follie. Similiter ab illo monte qui de hâc rupe porrigitur usque ad montem Aillinart, et à monte Aillinart descendendo extenditur juxtà montem contra occidentem, usque ad rupem quæ est suprà carreriam, et ab hâc rupe porrigitur usque ad rupem de Pertuso : postremò descendendo protenditur usque ad flumen quod vocatur Guierus mortuus : indè quoque ab eodem clauditur usque ad Clusam.

Si quæ verò personna, potens vel impotens, hanc donationem infregerit, tanquàm sacrilegii reo, ab omnipotentis Dei gratiâ et fidelium consortio separata, anathemate maranathâ feriatur : æterni ignis incendio, nisi digno latifundii, cum Dathan et Abyron, et Judâ traditore concremanda.

Præfata quidem heremus, his terminationibus conclusa, à magistro Brunone, et ab iis qui cum eo erant fratribus, cœpit inhabitari ac construi, anno ab incarnatione Domini millesimo octogesimo quarto, episcopatûs verò domini Hugonis, gratianopolitani episcopi, quarto, qui videlicet laudat et corroborat hoc donum quod fecerunt supradictæ personnæ, cum omni conventu clericorum suorum, et quantùm ad se pertinet quidquid sui juris esse videtur omninò concedit.

Testes, Wugo Decanus, Lother de Podio et Rostagnus, Wugo Delans, et Goltherius Colnesius, Ricardus et Fulcharius, Odo et Odolricus, Petrus et Sylvius, Humbertus et Goltherius Bucca, Petrus et Gibertus, Adalbertus et Adaleus, Petrus et Accardus.

Lecta est autem hæc charta Gratianopoli, in ecclesiâ beatæ et gloriosæ semperque Virginis Mariæ, quartâ feriâ secundæ hebdomadis dominici adventûs. In præsentiâ prædicti domini Hugonis, gratianopolitani episcopi, atque canonicorum suorum, aliorumque multorum, tàm sacerdotum quàm cæterorum ordinum clericorum, celebrantium secundum synodum, quinto idus decembris.

Note v, page 326.

Notice de quelques manuscrits et livres anciens les plus curieux apportés de la Grande-Chartreuse à la bibliothèque de Grenoble.

Les seuls manuscrits sont au nombre de 489; presque tous avaient été tirés de la Chartreuse de

Portes, après le dernier incendie qui dévora la bibliothèque de la Grande-Chartreuse, qui, sans doute, était beaucoup plus riche, soit par la quantité, soit par la qualité et le choix des volumes. Les plus remarquables sont :

Une grande Bible in-folio, sur vélin, ornée de miniatures et de lettres historiées, sur un fond doré ou peint des couleurs les plus vives. On connait le style de dessin du 10e siècle. Sur le frontispice, un saint Jérôme, dans le costume de ce temps, écrit sa Vulgate, tenant de la main droite un style d'acier, et de la gauche un grattoir fait comme un gros couteau. La première lettre du mot *In principio* tient une grande page, et l'on y a intercalé divers sujets de l'Écriture, la création, Job, Moïse, Salomon, Esther, etc. Ce manuscrit est très-beau et bien conservé ; il est coté N.º 9—13.

Autre Bible du 10e siècle, avec une explication des mots hébreux, petit in-4º ; le caractère en est fort net et fort menu. N.º 1—249.

Divers livres de la Bible et les Actes des Apôtres réunis dans un grand in-folio, sur vélin, bien conservé. Les miniatures et les lettres historiées ont le même caractère que la grande Bible du premier article ; il est évidemment de la même époque. Une figure de saint Jean-Baptiste semble peinte de la même main que le saint Jérôme ; les couleurs sont d'une fraîcheur admirable. N.º 10—14.

Nouveau Testament, petit in-4°, manuscrit sur vélin, du 11e siècle. Ce volume paraît formé de deux manuscrits reliés ensemble. Dans la première partie, les numéros indiquant les versets ne font qu'une suite ; dans la seconde, les chapitres sont marqués en marge. N.° 26—262.

Les quatre Évangiles, manuscrit du 12e siècle. Le caractère est moins beau. N.° 27—253.

Divers livres de l'Ancien Testament, manuscrit du 12e siècle, très-grand in-folio, sur vélin ; il n'a pas de miniatures. Les lettres grises sont remarquables par la bizarrerie de leurs formes et de leurs ornemens, souvent composés du mot entier. N.° 12—11.

Un autre manuscrit du 12e siècle, grand in-folio, sur vélin, ayant les mêmes caractères et les mêmes particularités que le précédent, contenant aussi divers livres de la Bible. N.° 13—17. Je ne parlerais pas de ce manuscrit, s'il n'était précieux par la copie qu'il rapporte de la donation du désert à saint Bruno par les divers propriétaires, sous les auspices de saint Hugues, évêque de Grenoble, et celle de quinze autres donations semblables qui comprennent l'entier territoire ayant jadis appartenu aux Chartreux. Ce titre, dont j'ai donné, dans la note précédente, la copie littérale, est, sans doute, le plus ancien texte qui en existe aujourd'hui, et son antiquité, comme son authenticité incontestable, doit le faire regarder comme remplaçant l'original perdu dans les incendies du monastère, ou les déprédations de la révolution. Je crois devoir signaler ce titre, peut-être ignoré de ceux qu'il intéresse le plus, et dont il confirme et explique les droits.

Autre grand in-folio du 12e siècle, avec de belles vignettes. Les lettres grises et les capitales sont bien dorées. N.º 16—19.

Glose sur Tobie, Judith et Esther, in-4º, du 13e siècle. Le texte est écrit fort large; la glose est en marge et souvent interlinéaire. N.º 15—260.

Ancien Testament, in-folio, du 13e siècle. N.º 19—23. (*Nota*. Les manuscrits de ce siècle sont nombreux et n'offrent rien de remarquable.)

Psautier, in-4º, avec une glose à la marge et interlinéaire. Le volume est terminé par des prières, des psaumes, des antiennes dont plusieurs sont notées. Le caractère de ce manuscrit, plus allongé, plus rempli d'abréviations, semble être du 14e siècle. N.º 22—194.

Manuscrit du 12e siècle, contenant la Bible traduite en vers latins par Pierre de Riga, prêtre du diocèse de Rheims, en 1170. Le livre de Job est rimé; le reste paraît moins soigné. N.º 34—255.

Les Traités de saint Augustin sont nombreux. Ces manuscrits sont des 12e et 13e siècles.

Commentaires de saint Jérôme sur les prophètes, beau manuscrit in-folio, du 10ᵉ siècle. Les guillemets des citations sont au milieu d'une grande marge, assez loin du texte. Cet emploi des guillemets est remarquable ici, parce qu'on les croit plus modernes. En feuilletant ce manuscrit, nous avons trouvé une espèce de signet en vélin, composé d'une feuille coupée en rond, d'un pouce et demi de diamètre, roulant par son centre dans un fourreau, comme une poulie dans son moufle, et marqué à angle droit des caractères romains I, II, III, IIII. Était-ce un mémento ? servait-il à marquer les pages ? je l'ignore. Ce manuscrit est sous le N.° 73—68.

De imitatione Christi, petit manuscrit in-12, du 15ᵉ siècle ; il est sur papier, mais plusieurs feuilles sont en vélin. N.° 92—289.

De laude crucis, par Raban Maur, in-folio. Cet ouvrage est singulier par la bizarrerie des figures qu'il contient : ce sont des croix, des anges, etc., dessinés à travers des lettres uniformément espacées et renfermant un sens régulier : à la figure d'un Christ, par exemple, les prunelles des yeux sont des o. Je n'ai rien compris à cette espèce de hiéroglyphes, inutiles bagatelles, à peine propres à nous donner l'idée de la barbarie du 9ᵉ siècle, où Raban Maur, abbé de Fuldes et archevêque de Mayence, passait pour un prodige de science. Ce manuscrit est du 12ᵉ siècle ; il est coté N.° 108—102.

Malleolus nucis mysticæ, seu enucleatio veritatis quæ latet in cortice Scripturarum. La singularité du titre peut donner une idée de ce livre que je n'ai pas lu. Manuscrit in-12, sur papier, du 14e siècle, N.° 253—295.

Catalogue des livres de la Grande-Chartreuse, petit manuscrit in-4°, du 14e siècle. N.° 233—256. Il n'y a que des livres de théologie et pas un auteur profane.

Bible, manuscrit très-grand in-folio bien conservé, du 14e siècle. Comme dans les anciennes Bibles, il y a beaucoup de lettres historiées : la première surtout représente les six jours de la création; le premier verset est en lettres d'or. N.° 21—12.

Beaucoup de missels, de rituels, d'antiphonaires de divers siècles, jusqu'à l'invention de l'imprimerie ; ainsi que des copies des Pères de l'église qui n'ont rien de particulier.

Index des livres défendus, manuscrit de 1596. N.° 254.

Copie manuscrite faite au 16e siècle d'un manuscrit plus ancien. C'est un roman mystique : un Chartreux, conduit par saint Bruno, fait un voyage au ciel dont il donne la description ; il y assiste à la fête de l'Assomption, il y entend de la musique, il y voit la splendeur de Dieu, etc. L'auteur professait à Pise en 1458. Dans le même cahier est une chronique abrégée des premiers supérieurs de l'ordre, jusqu'en 1398. Cette partie est plus intéressante que la première. N.º 254 *ter*.

Commentaires sur les Institutes et le Code Justinien, très-beau manuscrit d'une conservation parfaite, par Placentin, jurisconsulte de Montpellier, dans le 12e siècle, ainsi qu'il l'apprend lui-même. Je ne saurais apprécier le mérite de ce commentaire qui n'a jamais été imprimé, et qui, sans doute, n'effacerait pas celui de Denis Godefroy ; mais si la date en est authentique, il aurait suivi de très-près la découverte du fameux exemplaire d'Amalphi : les amateurs pourront vérifier ce fait. Les marges sont chargées de notes d'une autre main et d'un autre temps. N.º 255—137 A.

Collection des Décrets de Gratien, très-beau manuscrit sur vélin, grand in-folio. Les vignettes et les majuscules sont dorées et peintes des couleurs les plus vives. A la fin du volume, une grande miniature représente un monarque déployant un tableau généalogique ; sa tunique est à fond bleu, brodée de larges fleurs, son manteau est d'un vif écarlate : c'est le costume et le style du 8e siècle. C'est, sans doute, une fantaisie du peintre : on sait que Gratien était un Bénédictin du 12e siècle, qui publia sa compilation en 1150. N.º 258—119.

Un grand nombre de Statuts relatifs aux Chartreux, manuscrits des 14e et 15e siècles, sous divers numéros.

Tractatus de verà philosophià, in-4°, manuscrit du 12e ou 13e siècle. Je n'ai pas eu le temps de parcourir cet ouvrage dont le titre piquait ma curiosité : il est difficile à lire et plein d'abréviations. Une note moderne apprend que dans le même volume était un manuscrit de Florus, qui en fut détaché et donné au père Sirmond sur sa demande : c'est le seul manuscrit d'un auteur profane dont parlent les catalogues. Celui-ci est sous le N.° 297—173.

Un grand nombre de commentaires sur la philosophie d'Aristote, des 14e et 15e siècles.

Historia scholastica, de Pierre Commestor, grand in-folio du 12e siècle, d'une très-belle conservation. N.° 335—111.

Très-beau manuscrit in-4° du 13e siècle, contenant l'Histoire de Paul Orose, les Persécutions d'Afrique, ouvrage attribué à saint Victor, et l'Histoire des Lombards, de Paul Diacre. N.° 338—301.

Vies des Saints, sous divers numéros et différens formats : les plus anciens sont des 11e et 12e siècles.

Catalogue des manuscrits du 15e siècle, compilé par l'ordre du R. P. François Dupuy, général des Chartreux. Je n'y ai rien trouvé de curieux.

Le plus grand nombre des ouvrages français sont des livres ascétiques du 17e siècle.

Il faut cependant distinguer parmi les manuscrits modernes :

N.º 379. Système d'évolutions militaires proposé par le marquis de Nangis, manuscrit du 18e siècle. Les dessins sont très-soignés, mais peut-être incomplets.

N.º 389—4. Nouvelles de littérature.

N.º 293. Correspondance latine et française de 1625 à 1697.

N.º 409. Mémoires du cardinal de Bouillon, écrits par lui-même, in-4º.

N.º 403. Relation d'un voyage de Marseille aux Indes-Occidentales, en 1707—1711, in-4º.

Le plus ancien des ouvrages imprimés de cette bibliothèque est le *Catholicon*, de Jean de Gênes, imprimé en 1460, à Mayence, par Furst et Schœffer, inventeurs de l'art typographique. Ce *Catholicon* est une sorte de dictionnaire dont le seul mérite est dans le nom des imprimeurs et de l'éditeur Guthemberg. C'est l'ouvrage d'un moine dominicain de Gênes, nommé Jean Balbi ou *Johannes Genuensis*, et par corruption *de Januâ*. Il mourut en 1298.

FIN DES NOTES.

OUVRAGE DU MÊME AUTEUR.

—◆—

CHARLES-MARTEL,

POÈME ÉPIQUE, EN DOUZE CHANTS,

AVEC DES NOTES HISTORIQUES.

2 vol. in-8°, papier fin satiné. — Prix, broché : 12 f.

A VALENCE,

CHEZ CHARVIN, LIBRAIRE,

PLACE DES CLERCS.

www.ingramcontent.com/pod-product-compliance
Lightning Source LLC
Chambersburg PA
CBHW060326170426
43202CB00014B/2687